股票投资实战金典

范江京 著

短线操作是股市投资的必备技能
让投资者快速掌握获利方法

短线

一本书读懂

机械工业出版社
CHINA MACHINE PRESS

《一本书读懂短线》是一本股票投资技术分析实战工具书。

做短线是股市投资快速获利的重要技能,本书按照实战中的投资逻辑,系统介绍了短线投资必要的五大模块,包括仓位与心态管理、快速看懂盘口信息、短线投资规划、短线选股技巧和短线操盘战法,及其实战中的分析要点和操作策略。力求帮助投资者在实战中快速判断趋势、精准分析行情、轻松找到买卖点、合理控制仓位、及时规避风险。

图书在版编目(CIP)数据

一本书读懂短线/范江京著. —北京:机械工业出版社,2021.9
(股票投资实战金典)

ISBN 978-7-111-68971-3

Ⅰ. ①一… Ⅱ. ①范… Ⅲ. ①股票交易-基本知识 Ⅳ. ①F830.91

中国版本图书馆 CIP 数据核字(2021)第 166023 号

机械工业出版社(北京市百万庄大街 22 号 邮政编码 100037)
策划编辑:李 浩 责任编辑:李 浩 戴思杨
责任校对:李 伟 责任印制:李 昂
北京联兴盛业印刷股份有限公司印刷
2022 年 1 月第 1 版第 1 次印刷
170mm×230mm・13.25 印张・1 插页・185 千字
标准书号:ISBN 978-7-111-68971-3
定价:66.00 元

电话服务 网络服务
客服电话:010-88361066 机 工 官 网:www.cmpbook.com
　　　　 010-88379833 机 工 官 博:weibo.com/cmp1952
　　　　 010-68326294 金 书 网:www.golden-book.com
封底无防伪标均为盗版 机工教育服务网:www.cmpedu.com

丛书序

我在 2007 年出版了 K 线、看盘、量价、短线、跟庄系列书籍，并于 2010 年、2012 年、2015 年、2017 年陆续更新升级。该丛书出版后受到了很多投资者的喜爱，其内容注重将投资技术分析讲细、讲透，用通俗的语言把一些复杂的盘面语言简单化，让投资者在实战中能够快速应用。

随着时间的飞逝，该丛书中的很多实例已经不再"新鲜"，虽然很多实战技术是通用的，但或多或少也会给投资者带来"不爽"的感觉。另外，该丛书出版之后也获得了很多投资者的宝贵意见，为了能让投资者更加轻松、更加全面系统地掌握书中涉及的技术分析、实战应对策略等，我再次对该丛书进行全面更新升级。

更新后的内容定位依旧是以实用性的讲解为主，并对书中的实例进行全面的更新，选用的实例会更注重代表性，让投资者从实例中能够更轻松地理解所谈及的盘口语言和实战策略，同时也会深入盘面细节，让投资者通过盘口的表面深入观察动态盘和静态盘中的细节，更加精确地掌握主力的做盘意图。

本丛书将力求帮助投资者形成系统的投资分析体系，并构建属于自己的操作系统。因为要想在股市中长期生存下去，就必须建立一套适合自己的操作系统。无论是战略层面上的策略布控，还是战术层面上的跟盘，建立并完善一套操作系统都是至关重要的。

我们在研究盘口语言的同时，也要善于结合当时大盘的整体趋势，以及目标个股的基本面深入思考。股市中博弈的是综合实力，盘口上的走势形态只是我们分析的一个"入口"，但不能过度依赖形态的表面去下定论，更应该注重透过表面去分析盘中的走势细节，综合细节以及整体趋势深入思考，方能在这个市场中走得更稳、更远。

本丛书中将着重从形态分析、盘口细节上的挖掘，到结合目标个股当时所处的位置，以及基本面和当下的大趋势，阐述在不同场景之下的投资策略，力求帮助投资者形成整体思考的投资习惯。

在 A 股中博弈，选股、跟盘很重要，但仓位分配、品种配置等战略上的布控也同样重要。投资者要善于去择势、择时，再叠加资金的合理分配，以这种投资理念去参与投资，才能更好地提高资金整体的安全保障。

我也是从一个再普通不过的学者、一个普通的散户成长起来的。我也曾亏损过、迷茫过，但在操作上无论是收获还是失手，每一次操作过后我都会去总结和复盘。不断地质问自己，每次操作中是因为什么而赚，因为什么而赔。

靠运气是无法在这个市场中长期生存下去的，在看盘的过程中从一点一滴中沉淀与积累是很重要的，因为有沉淀、有积累才会有爆发，这是多年来我对待这个市场的态度。

买与卖其实就是一瞬间的事，但这一瞬间的背后一定伴随着你辛勤的付出，这是一种理念也是一种态度，有理念、有态度你在这个市场上才能有长期的收获。

贪婪与恐惧其实都是源自于我们内心的不平静，无论是在投资的过程中，还是在生活上都是如此。在跟盘的过程中，首先要保持心态的平和，要将自己视为一个真正意义上的"看客"，而非是"炒客"，放下作为投机者本身的功利去深入思考当时的盘面走势，这种思考才会是理性的。

在投资路上我们之所以感到恐惧，是因为在某个时点上我们看不懂，但又担心错过行情，在纠结与迷茫中继续"作战"。然而，在这个市场中，没有人能够准确地预测每一次行情，更不可能在每一轮行情中都赚到尽头。懂得放下一些原本不属于自己能力之内的东西，才不会感到恐惧。

在这个市场中，投资要量力而行，多数投资者要考虑的不是赚得到、赚不到的问题，而是赔得起、赔不起的问题。入市之前要真诚地问问自己，万一赔了呢？会不会影响自己的正常生活、正常工作？有了这种考虑，贪婪就不会与我们有交集。不恐惧、不贪婪，我们的投资才会是自如的。

在资本市场上投资赚钱要"等得起"。股市中价格的波动很正常，即便基本面很好的个股，也并不一定当你买进之后就一定会在短期内涨起来。如果我们投进去的资金是短期要用的，一旦股价稍作向下调整，往往会导致心态上出现较大的落差而产生恐慌。心不静的状态下就会感到茫然，最终就会迷失方向。所以，用闲钱去投资才不至于让我们过度恐慌。

最后，借此机会感谢所有的读者及机械工业出版社的编辑，感谢你们一直以来的信任和支持，同时也真诚地希望读者们对本书中不完美的地方进行指正，我将会尽我所能去完善，尽最大努力为读者们提供有助于实战操作的书籍。

目 录

丛书序

第一章　短线仓位与心态管理 …………………………………………… 001

　一、短线仓位管理技巧 ………………………………………………… 002

　二、失误后的心态调节 ………………………………………………… 022

　三、管好自己的手 ……………………………………………………… 025

第二章　快速看懂盘口信息 ……………………………………………… 028

　一、看懂大盘 …………………………………………………………… 028

　二、看懂个股 …………………………………………………………… 040

　三、看个股点位 ………………………………………………………… 049

　三、看挂单 ……………………………………………………………… 062

　四、看连续性的单向大买单 …………………………………………… 069

　五、看突发性的扫盘 …………………………………………………… 073

　六、看下跌后的大单 …………………………………………………… 074

第三章　短线投资规划 …………………………………………………… 075

　一、合理预期不随性 …………………………………………………… 075

　二、操作模式的建立 …………………………………………………… 082

第四章　短线选股技巧 …………………………………………………… 097

　一、选股必备的基本功 ………………………………………………… 097

　二、确定目标个股 ……………………………………………………… 106

第五章　短线操盘战法 ··· 119

一、在异动拉升中寻找机会 ··· 119

二、出击有效的突破 ·· 139

三、出击停顿后的启动 ·· 154

四、抓住回撤中的机会 ·· 165

五、猎取台阶拉升 ·· 177

六、守住攀升后的加速 ·· 191

第一章

短线仓位与心态管理

短线投资，投的不仅是盘面技术分析的水准，还有仓位管理和心态管理的能力。要考虑资金的整体安全性，而非是押注式地博刺激。在股价出现不符合预期的走势时，投资者之所以诚惶诚恐，在很大程度上是因为自己处于重仓的状态。大部分散户在每次"下注"之前，很少会去思考如何运用仓位管理来降低整体风险。

重仓，甚至是全仓追涨，是很多投资者的一种习惯性操作"手段"，而且这种手段在很多时候都是建立在情绪或感觉之上的。一旦行情的演变并未按照自己的预期去发展，让自己陷于完全被动的局面就是一种必然情况。

我们在资本市场中博弈，虽难以让自己时刻处于绝对主动的局面，但若我们在每次"下注"之前，能将风险放在首位去考虑的话，至少可以让自己在博弈的过程中变得相对主动。而在防范风险的过程中，仓位的管理（即仓位的分配或调节）是我们谋求主动的一个关键性要素。

管理好仓位能够让投资者进退自如，特别是在大盘处于弱势的走势中进行短线操作时更是如此。

（1）亏损是相对有限的，在这种情况下，心态不至于严重被影响，即便被套，由于不是重仓参与，也会更理性地思考随后的补救策略。

（2）在短线投资的过程中，不可能每次买进后股价都会直接一路上涨，有些时候股价出现调整或再次下探也是常有的事。在这种情况下，如果我们在出击的过程中，仅仅简单地认定股价一定会直接上涨而重仓杀进，甚至是全仓杀进，那一旦股价出现调整，尤其是呈现出打压式的快速下挫，投资者也会处于完全被动的局面。

很多人追求短期暴利，在每次"下注"的时候会很自然地重仓出击，但同时自身对市场把控的能力又与追求不匹配。在这种情况下追求短期暴利，我觉得是带有较多赌的成分的，再加之在风险承受能力相对有限的状态下，很容易演变成非理性地盲目投资，以大亏而告终将是一种必然。

其实人人都希望获得短期暴利，都希望每次全仓出击，且都能得偿所愿地买了就涨。但在这个市场中经历过风雨的投资者应该更能看清"梦想是丰满的，但现实是骨感的"这一通俗性的道理在股市中的写照。

 # 一、短线仓位管理技巧

无论是短线投资，还是中长线投资，资金都是我们投资过程中最直接的赚钱工具。在每次使用这一"工具"的过程中，我们首先要考虑的是最大限度地确保"工具"经受最小的损失。但在投资的过程中，每次都做到完全不受损是不太现实的。我们要考虑的是，一旦"下注"后失手，那我们要权衡的主要方向有两个。

（1）在原有的投资逻辑尚存的情况下，进行仓位对冲，以此来降低整体的持仓成本，为后续创造更大的盈利空间，这叫策略布控上的阶段性风险对冲。但完成这种策略需要"兵力"和"子弹"。我们在操作过程中不可能做到每次都能精准出击，如果我们能够意识到仓位（资金）管理对整体投资大局所起到的重要作用，那当我们选择的入场时机出现了一定的偏差时，就能够较为轻松地使用对冲仓位来降低风险或提升后续盈利的空间，化绝对被动为相对主动。

（2）在原有的投资逻辑已发生变化，且是向着明显不利的方向上发展时。我们要考虑的就是及时撤退，避免受损程度加深，这叫策略上的转移。

市场上不变的规律其实就是变，即便有万种投资逻辑支撑我们出击，也会碰到因市场出现突发性变化而失手的时候。我们在每次"下注"之前，都必须将这一变因纳入整个攻防策略的大局之中。

如果我们每次出击都是习惯性地重仓"下注"，乃至全仓"下注"，即便在被套之后坚定地撤退，那在重仓之下受重挫就是一种常态。在重仓或全仓的状态被套，大部分短线投资者的心态将会发生"变质"，一旦后续演变成非理性操作，那输掉全局或将是注定之事。

无论是以中长线的格局去参与投资，还是短线投资，大部分投资者想的是让这一次投资中的获利最大化，而很少去思考在本次出击中如何将风险降到最低，以及在突发行情乃至极端行情出现之时，在仓位的管理上是否依旧有退路可"经营"。

我觉得在这种思维的影响之下，是难以做好仓位管理的，因为在"下注"之前就本能地惦记着进攻，而未给防守预留空间，哪怕是"附加性"的防守都未曾考虑。这或将是大部分投资者存在的一种共性，也是"干扰"整体投资最终以亏损而结局的重要因素之一，与其说这种"干扰"因素是一个变数，我觉得还不如说这是投资意识层面上的一个盲区。如果意识到了，我们自然会思考如何提升战术上的应对能力。

对于短线投资而言，我们要习惯站在全局的角度去思进退。同时，在每次出手之前要理性思量如何通过仓位管理去防范或对冲技术性及系统性的风险。

在这个市场中投资，善思者思大局，善赢者赢大局。很多投资者之所以被这个市场所"吞没"，其根源是输在"来去匆忙"。在来不及思考之前忙于"下注"，稍见涨势便忙于加仓，或稍有回撤则慌于杀跌。投资者忙碌于单纯的交易之中，而无心思索全局之下的资金攻防之策。以"来去匆忙"的状态参与投资，即便赢，也是赢一时，或赢于特定场景之下的局部"战役"而已。

如图 1-1 所示的潞安环能（601699），该股在低位区域经历一段时间的休整之后，于 2020 年 6 月突发性地收出一根逼近涨停的大阳线。如果短线投资者在封涨停当天重仓追进，那在随后出现的回落过程中，很有很能就会因为恐慌而出局。

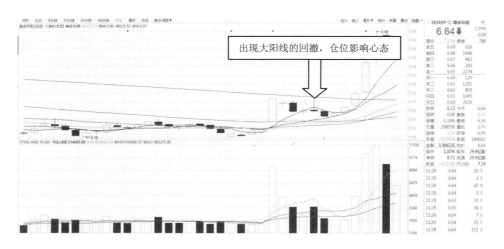

图 1-1　潞安环能

　　如果在"下注"之前，已思考了随后有可能会回撤，或这种涨停有试探性拉升的成分在里面。那在入场投资时，至少是不会重仓出击的，能平和地用试探性的仓位去"试水"，那即便随后股价出现回撤，我认为投资者也是能淡定应对的。

　　有些个股在出现看涨信号之后，也确实会直接走出一波拉升行情。如图 1-2 所示的光大证券（601788），该股在 2020 年 6 月 19 日突破半年线后便进入直接上攻状态，当时整个板块都出现了联动。

　　也正是因为有些时候出现了看涨的信号后，股价会直接迎来一轮上攻行情，才会促使短线投资者在入场时，会贪婪地思索，万一出现大涨情况，不重仓参与岂不是可惜了。但投资是需要辩证思维的，有些行情不是我们一想就能如愿的。换个角度而言，即便我们确定了目标个股是有主力资金注入的，同时在形态上也出现了看涨信号，但并不代表主力一定会直接向上拉升股价，先刻意性打压股价也是一种常态。一旦碰到这种现象，再加之投资心态的不成熟，投资者重仓之下出现情绪化的盲目杀跌就是一种必然。这就成了很多人所说的，一买就跌，一卖就涨。

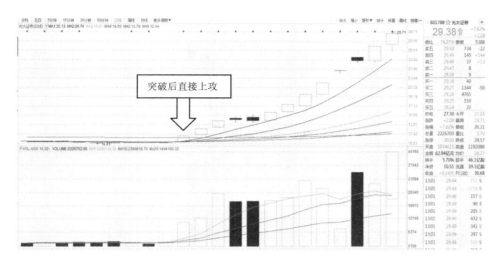

图 1-2 光大证券

　　当然，如果从技术层面和基本面上确定了目标个股有主力资金注入，同时投资者在自身的风险承受能力较强的情况下，适当放大仓位就另当别论了。但如果在股价出现突发性的连续上攻之后，一旦陷入滞涨，对于短线投资者而言，是不宜一次性重仓去投资的。有些个股在被快速拉升之后，往往会伴随快速回落，尤其是由游资所主导的阶段性行情。

　　如图 1-3 所示的阳普医疗（300030），该股于 2020 年 1 月底走出了一波快速上攻的行情。从走势形态来看是非常诱人的，在其出现滞涨时很容易被单向解读成是主动性的休整，进而使投资者重仓入场参与。

　　针对此类个股，投资者在做短线的过程中严控仓位至关重要，虽不排除在经历一段时间的滞涨休整之后，股价会再次"起航"。但这是基于有主力资金注入，且叠加有行业利好的导向，或个股本身有实质性利好的前提。

　　如果投资者在每次"下注"时，能善于先思风险，后谋收益，自然就会权衡不同场景之下的仓位配置，提前布防出现"反预期"走势时的应对方案。

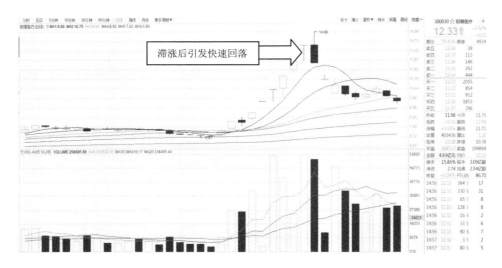

图 1-3　阳普医疗

温馨提示

善管仓位者，善于大局策略。在 A 股博弈，博的不仅是盘面技术上的把控能力，更是资金调配及其突发行情之下的随机应对能力。短线博弈的是大概率下的市场行情，不随性出击，更不随性重仓出击，是短线投资者必须要坚守的一种"职业操守"。

在仓位上不给自己"经营"退路的投资，要么就是有绝对性的把握，要么就是在欲望驱使之下的"押宝式赌博"。

对于成熟理性的投资者而言，在仓位布控以及仓位的机动性调节上会谨慎思考，尤其是在某些特定的场景中参与短线投资，确保仓位上的机动性是尤为重要的一个环节。在投资过程中，自己之所以会陷入完全被动的局面，除了对目标个股不够了解之外，往往也是由于对攻守仓位欠考虑，最终导致"无兵可调，无兵可救"。

在股价运行到一些特殊区域时，对于短线投资者而言，运用仓位上的机动性来防范或对冲风险，尤其是对于"做盘"手法较为极端的主力而言，确保仓位上的机动性就是短线投资者首先要考虑的一个要素。

　　针对一些特殊场景之下的短线投资，在实战中的仓位机动性上，我总结了以下投资技巧，在此仅供大家参考。

1. 试水仓位压力位

　　这里谈及的压力位，主要是指股价运行到重要的技术性压力位，如半年线或年线附近，及其前期高位或前期整理区域附近。当然，从心理层面而言，这些区域也是心理压力位。

　　如图 1-4 所示的亚星客车（600213），该股于 2020 年 5 月 28 日早盘出现快速向上冲高的走势，一度有逼近涨停的态势，并有向上突破半年线的倾向。投资者面对这种走势时，往往难以抵挡这种"刺激"而重仓出击。但从当时的走势来看，股价并没有因此而出现一轮继续上攻的行情，而是再次回落，继续寻底。如果当时重仓出击，或许大部分投资者难以经受这种"打击"。

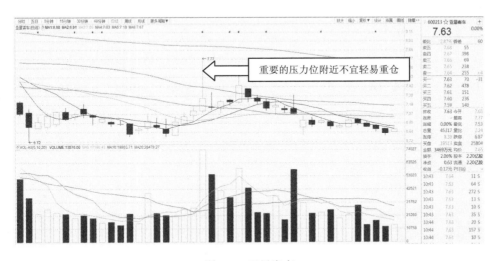

图 1-4　亚星客车

　　对于这种类型的个股，在冲击半年线或年线的过程中，一旦早盘出现大幅度的冲高，赚钱心切的短线投资者很容重仓追高，甚至是全仓追高。但往往是我们期望越大，市场给我们的失望也越大。大部分在稍作整理之后，就出现急速冲关的个股，往往当天就会出现快速的回落。一旦重仓追涨而被"挂在"当天的高点，即便随后股价只是出现技术性的休整，这部分投资者，也往往没有定力继续持股。

对于这种情况下的投资，如果没有足够的把握不宜草率地去一次性重仓，除非投资者风险承受能力超强，且已经制定了失手之后的应对策略。其实我们投资的主要逻辑无非是以下两个层面。

1）股价经历长期下跌之后，下跌能量被较为充分地释放，吸引了主力的入驻而进入休整阶段进行筑底，即通常所说的底部企稳蓄势。股价在经历一段时间的蓄势筑底之后，盘中往往会出现试探性拉升，即试探性脱离底部的动作。

对于这种试探性的脱离，当股价运行到半年线或年线附近时，一种是直接向上冲关，但这种冲关往往是冲得快，回落得也快，除非主力已经达到较高的控盘程度。对于重仓追进的投资者而言，如果在操作上过于恋战，节奏把控不到位的话，往往会白忙一场。另一种是股价在半年线或年线之下，再次进行休整，而后再向上冲关或试探性冲关。如果股价在半年线或年线之下蓄势不够充分，即便出现冲关行情，往往也是短暂的。换言之，在试探性冲关之后，股价大概率会再次回落且进入反复震荡的格局运行。在这种情况下，对于重仓追高的短线投资者而言，一旦股价出现较大幅度的回落，其心理上是难以承受的，在恐慌之下以亏损的结局离场或将是大部分人的选择。

2）纯技术性的象征性或惯性的冲关。在经历大幅度的快速下挫之后，出现一波触底回升的快速反弹行情时，股价在运行到半年线或年线附近往往会出现急速的冲关，但这种形式的冲关往往是一波技术性反弹行情即将结束的信号。

短线投资者如果在这种情况下重仓追高，无疑是火中取栗，一旦被套往往将会是深套。股价运行到半年线或年线附近时，如果不是经历了充分的蓄势整理，那在博弈冲关的行情时，应轻仓参与。尤其是在早盘出现快速冲高式的冲击半年线或年线压力时，更要注意仓位上的灵活控制。对于实战经验不是很丰富且风险承受能力较弱的短线投资者而言，在没有经历充分蓄势整理的情况下博弈冲关半年线或年线的行情时，最好先用一两成仓位去参与，待其真正能够稳健地向上突破后，再根据自身的实际情况去加仓。

上述谈及"充分蓄势整理"一词，或许对于实战经验不是很丰富的投资者而言不太好理解。我们可以从两个层面来对其解读。

1）从日 K 线走势图的形态上去解读。如图 1-5 中所示的成都银行（601838），该股于 2020 年 5～6 月在半年线之下经历了反复震荡的走势，且整体的震荡幅度是相对有限的。换言之，如果是有主力资金注入后的主动性蓄势整理，在日 K 线走势图上往往会呈现出反复性窄幅震荡的走势。

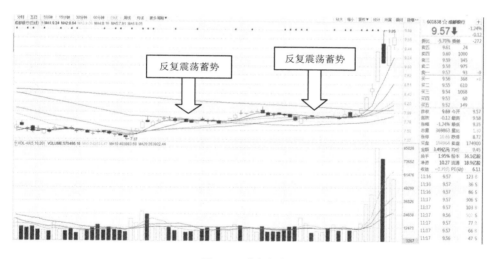

图 1-5　成都银行

2）从成交量的缩放上去解读。仅仅因日 K 线走势图上呈现出窄幅的震荡走势，还不能确定一定是主动性整理而促使的。换言之，在市场低迷的情况下，即便目标个股没有主力资金注入，股价运行到半年线或年线附近时，往往也会呈现窄幅的震荡走势。

如果是主力资金注入后的主动性整理，那在窄幅震荡的过程中，成交量整体上往往会呈现出明显的萎缩状态，且是在盘中有压制性动作之下的一种萎缩。成交量上的萎缩预示着这附近的主动性抛压是相对有限的，即持股者在当下这个阶段是相对坚定的。但成交量的萎缩还需要有压制性动作的"配合"，否则，也很有可能是市场本能的萎缩，即由市场低迷所导致的。

所谓的压制性动作，主要来自于两个层面。

（1）股价在反复震荡的过程中，卖盘上会频繁或较为频繁地挂出大手笔的卖单，而买盘上几乎不会挂出大买单，此时出现挂大卖单的情况往往是一种压制性的动作。当然，还需要注意一个细节是，挂出来的这些大卖单不能是持续累积起来的，否则的话，就有可能是散户的单子，而非是主力刻意挂上去的。

（2）股价在反复震荡的过程中，盘中会时不时地涌现出刻意向下打压（向下对倒打压股价），或突发向上拉升股价的动作。但无论是刻意向下打压，还是突发向上试探拉升股价，都会很快回归"平静"。即股价在被打压后，并不会引发恐慌性下挫，而会在短时间内再次回归到窄幅震荡的平台上。同样，股价出现突发向上试探拉升后，也会在短时间内再次回归到震荡的平台上。

总而言之，如果有主力资金注入而"引导"股价在半年线或年线附近进行主动性休整，且是较为充分的蓄势整理。那在日 K 线走势图上，大部分会呈现出窄幅的震荡，或趋于横盘的走势，这是走势形态上的一个分析"入口"。

成交量一般都会以萎缩的状态出现，而且是在压制性配合的状态之下，呈现出一种萎缩的状态。换言之，这种萎缩并非是市场本身低迷的萎缩，而是在有刻意压制或打压的情况下，依旧能维持萎缩的状态。这是在形态之外，结合量能变化及其盘面细节倾向的一个综合性分析的"入口"。

但有一点需要短线投资者注意，即便确定了目标个股在半年线或年线之下出现的整理是主动性的蓄势，也并不意味着后市股价就一定会在短期内启动一波直接拉升的行情。这一层面也是很多短线投资者容易忽视的。如果没有这种思维，投资者在做短线过程中重仓"下注"就是一种自然现象。在这种情况下，如果主力的"做盘"手法较为极端，蓄势整理之后直接使股价向下破位，甚至是出现快速下挫式"挖坑"的动作，那对于重仓"下注"的短线投资者而言，或将是以亏损出局了。

　　短线投资的核心之一，就是尽量让大部分资金回避股价有可能出现的长期性调整，或突发性的大幅度调整。而要做到这一点，投资者在股价处于敏感区域，或在股价处于选择方向的阶段进行投资时，需要重视仓位的分配或管控。

　　以"试探性"的仓位去博弈冲关半年线或年线的行情时，无论主力接下来是选择直接向上，还是选择向下"挖坑"，都能让自己处于相对主动的位置。

2．不在躁动中加仓

　　对于大部分短线投资者而言，在股价出现突发性的大幅度冲高时，尤其是在前一两个交易日中有上涨动作的铺垫情况下，投资者比较容易冲动地重仓追击，或不顾风险地加至全仓。

　　如图1-6所示的锦州港（600190），该股于2020年3月3日放量突破半年线后，紧接着再次出现放量涨停，但这天的涨停板被反复打开。3月5日早盘股价出现直线式冲高，对于这种冲高而言，如果投资者随意加仓追涨，其风险是大于收益的。

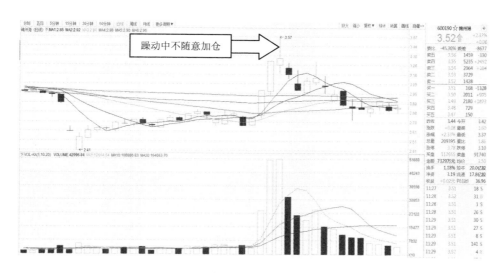

图1-6　锦州港

对量价关系有一定了解的投资者或许会认为，股价在冲击年线的过程中成交量出现了明显的放大，这是量价配合的表现，后续股价大概率会继续上涨。在分析成交量的过程中，我们需要关注成交量是如何被释放出来的，如果是"进量"式的上涨（即逐步吃进的量比较多），那固然是量价配合。但如果是因为刻意性的对倒而产生的量，或在当天回撤过程引发的"出量"（主动卖出所释放出来的量占据较多），这种情况下出现的放量收阳反而应该谨慎对待。

如图1-7所示，这是该股在2020年3月4日的分时图，股价快速冲击涨停后，涨停板被反复打开。在当天的成交量中，一是对倒过程中释放的量较为明显，二是涨停板被打开过程中的量较多。关键是在前一个交易日中，股价刚刚突破半年线，如果半年线附近的阻力较小的话，那应该呈现出缩量涨停（用很少的量就能将股价封住涨停），或者是呈现出"进量"式放量走强才对。短线投资者碰到这种场景时不应该随性加仓，如果接下来股价出现走弱或冲高回落的话，应考虑短线回撤的风险。

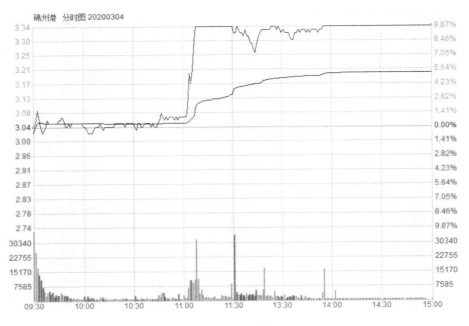

图 1-7　锦州港

从图 1-8 中我们可以看到，股价在 3 月 5 日早盘出现了一波直线式的冲高，如果当时没有考虑到前两个交易日突破的过程中有试探性的成分，那在这波早盘冲高的过程中，投资者就很容易随性加仓追涨，甚至是重仓追涨。

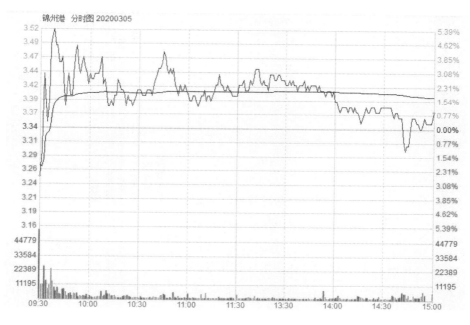

图 1-8　锦州港

在股价快速突破半年线或年线阻力的过程中，如果成交量呈现出持续性的放大，且是在对倒的情况下，或是涨停板被反复打开的情况下促使成交量放大，那投资者就不要随性加仓。空仓的投资者也不宜贸然入场追涨，短线投资者至少是需要有防范阶段性风险或股价突发性回踩半年线、年线的意识。

如果标的本身不具备明显的利好，且从技术层面而言，也未曾有明显的主力高度控盘的迹象。在当时的大盘处于弱势的情况下，短线投资者更需要防范冲关之后的回撤风险。

如图 1-9 所示的南钢股份（600282），该股在放量冲击半年线关口的过程中，于 2020 年 6 月 18 日出现了躁动式的走强。如果投资者在冲高的过程中重仓追涨，那在接下来的回落途中其心理层面上的承压就是必然。

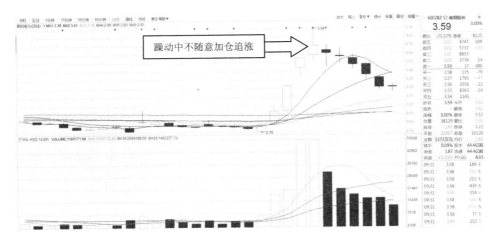

图 1-9　南钢股份

在一般情况下，股价运行到半年线或年线附近时，如果在此之前并未经历明显的蓄势整理，那么以频繁对倒的形式冲关，或涨停之后又被反复打开，进而促使成交量持续放大，后市股价往往难以走出一波持续性较强的上攻行情，随后股价出现回撤，甚至是引发一波调整将是大概率事件。

3．在休整中轻仓待定

我们这里谈及的休整，是指股价已经突破了重要技术压力位之后出现的休整，或是在进入上升通道运行时出现的休整。这种休整包括区间式大的箱体震荡，以及横盘式的反复整理。对于这种情况下的休整，如果是由主力引导的主动式蓄势，那后市的行情是值得期待的，但这也并不意味着股价在短期内就一定会启动上涨攻势，这是很多短线投资者容易走入的一个常见误区。

如图 1-10 所示的太龙药业（600222），该股于 2020 年 1 月突破半年线后，在半年线附近反复震荡（窄幅度）整理。仅从技术角度而言，这种整理是在试探性确认此次突破的有效性，同时也是在蓄势整固。此时的休整无论是试探性的确认，还是为后续发力上攻的蓄势整固，投资者都应该先等待行情明朗之后，即在做出了较为明显的择向后，再去参与，在此之前应尽量以轻仓试探性参与。

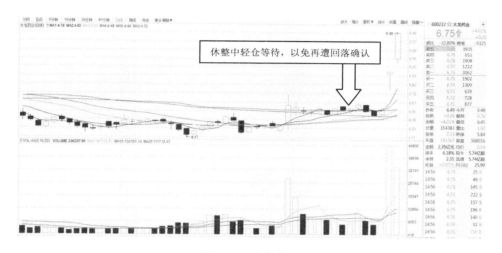

图 1-10　太龙药业

对于这种情况下出现的休整，如果投资者要在休整阶段开始"埋单"，需要注意以下两点。

（1）需要进一步地确定目标个股是有主力资金注入的，后市股价才有可能存在行情。当然，这需要投资者具备较为扎实的盘面分析功底。

（2）需要注意突发性风险或阶段性风险防范。虽然有些个股在趋势上蕴藏着机会，但技术层面上却存在阶段性的修正风险。这种机会与风险的叠加并不矛盾，其关键的在于投资者是从哪个角度去剥离风险或防范风险。

在入场布局之前，如果我们有关于阶段性或突发性风险防范的思考，那在其休整过程中参与时，自然就会重视仓位的管理，会以轻仓"埋单"的形式去参与，待其选定方向之后再"加注"也不迟。

如图 1-11 所示的三友化工（600409），该股在 2020 年 2 月的走势中呈现出休整的走势。如果在这个过程中投资者忽视了有可能存在的风险而去重仓参与，在随后股价向下破位的过程中往往是难以承受的。

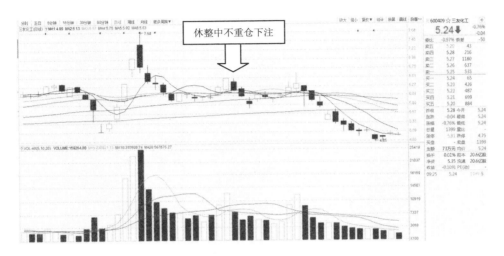

图 1-11　三友化工

4．减仓应对飙升后的滞涨

有些标的在短期内走出一波快速拉升的行情之后，往往会进入滞涨的阶段运行，即快速拉升之后的整理。在这种情况下出现的整理，也很容易诱使投资者重仓追进，或盲目地加仓待涨。

如图 1-12 所示的联环药业（600513），该股在经历一波快速拉升之后，于 2020 年 2 月呈现出滞涨的走势迹象。短线投资者此时就不能简单地认为这只是短暂的休整，应该把风险放在第一位去考虑。

面对这种快速拉升之后出现的滞涨，尤其是在滞涨的过程中成交量也呈现出明显放大的状态，如果前面的快速拉升仅仅是板块上的刺激，或是由个股本身的突发性利好促使的快速拉升，尤其是在快速拉升之后，相关板块上的个股也呈现出滞涨的走势。在这种情况下，是不宜盲目追进的。对于持股者而言，此时应该考虑减仓来应对有可能出现的突发性下挫。如果短线投资者不善于控制仓位，或没有风险防范意识而重仓参与，那一旦随后出现快速下跌的情况，所带来的损失将是一般人难以承受的。

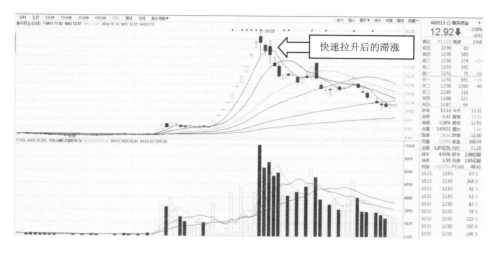

图 1-12 联环药业

股价进入滞涨阶段运行的过程中，无论是短线获利筹码，还是之前在这价位附近的被套盘，都是相对不稳定的，一旦这部分筹码出现"松动"的情况，引发股价出现阶段性的快速回调将是大概率事件。这是短线投资者在面对这种类型的个股时，必须要考虑到的问题。

5. 在行情明朗中加仓

实战经验不是很丰富的短线投资者最容易犯的一个错误就是，无论在什么情况下，只要操作就都是一次性买入，毫无分仓操作的想法。

如图 1-13 所示的福日电子（600203），该股于 2020 年 1 月底回撤半年线，其中出现了"一字"跌停式的回撤，而后逐步回升填补。短线博弈"填补缺口"时，投资者在加仓的操作过程中应该等待其确认填补后再去继续追进。

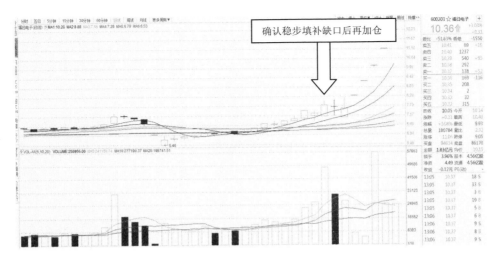

图 1-13　福日电子

对于一些处于刚启动，但上涨趋势并不是很明朗的个股而言，短线投资者在仓位管理上要善于用试探性资金去参与。即投资者开始建一部分仓位之后，等待走强的行情明朗之后，并且在前面仓位已经获得了盈利的情况下再逐步加仓。采用这种方式来管理仓位，可以让自己的操作处于相对主动的地位，即不会在判断出错的情况下，让自己的所有资金都困在里面。

在这种情况下，我们心中盘算的往往是能赚多少，而没有把"意外"考虑进来。一旦有这种过度的欲望存在，就会让投资者完全忘记仓位的管理，从而导致其在面对风险的时候惊慌失措。

从图 1-14 中我们能更清晰地看到，当时股价是在进入上升通道（突破半年线）时收出一根大阳线后直接出现回落。从技术角度而言，这种回落往往是一个回头确认的动作（确认半年线突破的有效性）。在这种情况下，对于打算加仓或补仓的短线投资者而言，应该等待股价回落企稳并有效回升之后再加仓，如果出现跳空缺口的情况，稳健型的投资者应该待其有效填补后再补仓或加仓。

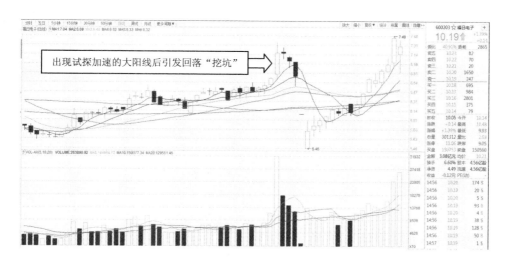

图 1-14　福日电子

　　对于在回撤之前没入场的投资者而言，如果此时想博弈"挖坑"的机会（前提是已经确认了这种走势是在"挖坑"），应先以试探性的仓位去参与，待其稳健回补缺口之后再去加仓。对于逐步加仓的仓位管理方式，投资者最难把握的还是自己的心态，即过于膨胀的赚钱欲望。在这种欲望的驱使之下，投资者看到股价出现了上涨，特别是在自己已经关注了该股一段时间的情况下，就容易全仓操作。

　　对于短线投资者而言，其核心导向应该是尽量提高每次出击的胜算，而非简单地追求以高频率的出击来获胜，很多人都输在这里。在趋势没有明朗之前，短线投资者尽量不要随性加仓，加仓的前提是股价的运行在朝着更有利的方向运行，或者是大概率在"挖坑"。至于每一次加仓的幅度，则没有固定的模式，这个要根据投资者的经验以及风险的承受能力而定。在一般情况下，第一次入场的仓位最好控制在30%以下，加仓之后的总仓位维持在70%～80%，预留20%～30%的资金作为储备资金。

　　或许有些读者会问，在加仓的过程中是否可以达到全仓的程度呢？从某种角度上来说是可以的，关键要看你对目标个股的把握程度，如果有较高的把握那固然是可以的，但同时你也要考虑自己的风险承受能力。

市场总会给我们预想不到的惊喜，也同样会给我们刻骨铭心的教训。但遗憾的是，在市场中投资的大部分散户在失手之后往往不会从自身上寻找问题，而是归咎于市场的"残忍"。其实市场本就残忍，只不过有些时候赢家正好是自己，于是我们就认为市场是公平的。

对于理性的投资者而言，每次"下注"的时候，总会预留仓位去应对有可能出现的突发行情。在行情不明朗之前，总会以风险防范为主，不因躁动拉升而打乱思维，更不会因为躁动拉升而追逐全仓的暴利。我觉得，这是理性与非理性投资者之间的差异。思维上的差异决定了行动上的差异，自然也就决定了结果的差异。

这里或许存在一个疑问，那就是在实战过程中，如何判断所谓的"行情进入明朗的上升通道运行"。

对于这个问题，我觉得可以从以下四个角度去思考判断。

（1）股价上涨要平稳，即股价在突破半年线或年线的过程中，股价整体的运行不宜过度急躁，即便出现连续的拉升，但在拉升的过程中分时图上不宜呈现频繁向上对倒拉抬股价，除非股价在底部区域经历了反复的长期筑底。如果在这个过程中股价上涨过于急躁，那从技术角度而言，势必会积累较多的短期获利筹码。在这种情况下，即便股价向上形成了突破，且突破之后继续强势向上，但这往往是惯性的。换言之，虽从形态的角度而言，此时股价进入了较为明朗的上升通道，但存在短期回调的风险，且回调之后盘面能否保持稳健还有待观望。

（2）股价需要稳健地脱离半年线或年线的压制，即股价上档已不存在压力线的压制。

（3）股价进入无压力线的区域运行时，呈现出来的攀升主要是市场本能的上攻，即在这个过程中，股价的继续上行并非主要由盘中的向上对倒拉升的，而是有场外资金的进场而逐步推动股价上行。在这个过程中，可以出现突发性躁动冲高动作，但冲高之后很快就会出现主动地修正，且在修正的过程中，并未引发明显的主动性抛售。

（4）股价进入上升通道运行时，买盘上几乎不会出现挂大单来护盘。

判断行情是否进入明朗的上升通道运行，可以参考以上这些迹象去分析目标个股。在短线投资的过程中，加仓不是随性的，也不是仅仅依托 K 线形态的完美去逐渐加筹码的，而是要深入分析形态背后的盘面细节，及其整体趋势的走向。投资者要站在资金整体性安全的大格局上，思考前期"下注"的仓位是否已有绝对性的盈利。

投资者，即善思者；能驾驭于自己，方能适应市场。在资本市场中博弈，"下注"前善思进退者，方能远行。

6．重仓"下注"有前提

在短线投资的过程中，并非不能重仓操作，在有些情况下，投资者是可以对目标个股重仓出击的。但重仓出击不仅对投资者的风险承受能力有要求，对投资者的技术水准也是有一定要求的。

（1）作为短线投资者而言，重仓操作意味着对目标个股非常有把握，即对目标个股进行了全面的分析，并确定该股的后期走势大概率会朝着上涨的方向运行。只有在这种情况下，方能重仓入场。基于这一点，新手们是不适合重仓出击的，新手不仅技术水准会有所欠缺，而且心态上也不是很成熟，一旦在重仓的情况下失手了，往往会影响后期操作。

（2）在短线投资的过程中，如果重仓操作的话，那投资者必须具备一定的风险承受能力，而且在出现亏损的时候能够果断止损出局。无论是多么高明的短线投资者，都不可能每次对股价的后期走势做出准确的判断，总会在某些时候看走眼。这就要求短线投资者在重仓操作的过程中，遇到看走眼的情况时能够勇于承认错误，并及时止损撤离。

对于心态不是很好，以及风险承受能力较弱的短线投资者而言，即便具备较强的技术分析能力也不适合重仓操作，因为当风险来临的时候其往往是无法做到果断了结的，在受到重挫之后自己的情绪容易出现大的波动。

温 馨 提 示

　　善于博弈的短线者，必将会以攻守兼备的心态去思考每一次操作，不刻意追求短期的暴利，这是理性投资者的一个共性。资金是我们在投资过程中的唯一支柱，无论是从投资的角度，还是以投机的心态去参与，不随意性地"倾巢而出"是最基本的底线。

　　真正的博弈者，博的是长期存活的空间和机会，而非不顾长远风险的短期暴利。

二、失误后的心态调节

1. 不被失误套牢

　　真正成熟的短线投资者是在被套的情况下也能够从容面对，不会让被套演变成最终的套牢。对于短线投资者而言，最可怕的就是自己的资金被牢牢地套住，而导致资金被套牢的最主要的原因是没有用理性的心态去对待每一次的操作。

　　对于短线投资者而言，即使拥有再高超的盘面把控能力，都难以做到每一次出击都能得手，我们没有必要去挑战市场的规律。我们且将这种规律视之为资本市场的游戏规则，而我们要思考的是，在遭遇挫败之后，如何及时地调节心理状态使其"平稳"。

　　除了我们前面谈及的，投资者在每次"下注"之前要控制好仓位之外，如果出手之后股价并未按照自己的预期发展而出现亏损，是需要用平和的心态去面对的。同时，投资者要理性地深入分析自己对盘面的把控能力，如果感到力不从心了，应该及时撤退。莫让一时的失误变成深套。

2. 认输也是一门艺术

　　作为短线投资者，在市场中"受伤"也是很正常的事情，最关键的是我们能否将这种"受伤"控制在可控的程度内，从某种程度上来讲，这也是考验投资者的心态管理。

如果某次投资者由于判断失误而导致入场资金出现了缩水，就应该及时止损，减少损失，而不是一味地死守，最终变成套牢，这种套牢对于短线投资者而言是伤害巨大的。简言之，对于短线投资者而言，偶尔被套是可以理解的，也是正常的。但是大部分资金长时间被套牢就不正常了，是由于自己的心态管理出现了问题，即存在不服输的心态。在市场中博弈，善于认输，方能赢得未来空间。

如图 1-15 所示的继峰股份（603997），该股于 2020 年 3 月底至 4 月初在突破半年线的过程中出现了一波快速拉升的行情，且是以连续涨停的形式出现的，这种走势足以吸引短线投资者的关注，令他们入场参与。对于该股而言，如果投资者以短线操作去参与，且是在 2020 年 4 月 8 日入场的，那在接下来的一两个交易日中投资者不及时认输止损的话，后续漫长的煎熬将是比较难受的。

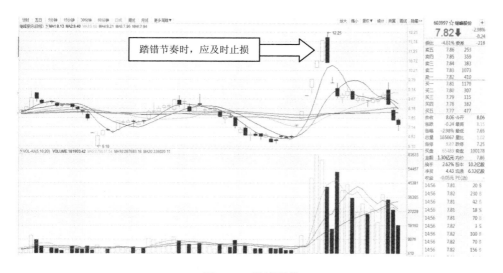

图 1-15　继峰股份

在这种情况下，一名成熟的短线投资者应该果断地承认错误，并采取止损措施。否则的话，就会将被套变成套牢，最终让自己处于完全被动的境地。"被套"在股市中是绝对无法避免的事情，在被套的时候，如果盘面的走势倾向已经超出了自己的能力圈，那最关键的是要懂得割肉。在必要的时候割肉是承认错误的象征，同时也是避免被套牢的一种方法。

3. 善于适时获利了结

对于短线投资者而言，学会适可而止很关键，以此心态去参与短线投资才能更好地让我们在这个本就浮躁的市场中保持一份冷静和理性。特别是在个股受到突发的利好消息的刺激下出现了狂涨的情况时，一旦这种狂涨之后出现了快速的回落，或者是出现了明显的走弱就应该果断获利了结。

在短线投资的过程中，投资者始终要注意一点，那就是一切有可能的调整都要避开。正是因为这样，当股价上涨到一定程度之后出现了滞涨的信号时，更不能有贪婪的心态。就该股而言，很多短线投资者尝到了前面快速拉升的甜头，往往就会对后期的走势抱有更大的幻想，在这种幻想的促使之下投资者就会忽视风险的存在。

短线投资者对自己的盈利目标要有一个理性的预期，这种预期是建立在自己的能力水平之上的，要根据自己对个股的把握程度来制定盈利预期。如果自己的综合分析能力弱，那在具体的操作过程中对于止赢就要保守一点；如果综合分析的能力较强，则止赢就可以稍微大一点。

如图 1-16 所示的三五互联（300051），该股于 2020 年 1 月底至 2 月初走出了一波连续封涨停的行情，然后呈现出放量滞涨的现象，投资者在放量滞涨的过程中应该适可而止。在这种情况下，如果投资者依旧认为滞涨是中途的休整，而无任何的风险意识，以及没有准备任何的风险预案，那这种投资就有点任性了。

与贪婪相对应的就是恐惧，很多短线投资者在投资的过程中，一旦在买进之后，股价的走势没有按照自己的预期方向运行就会产生恐惧，克服恐惧心理是每位短线投资者必须要修炼的一门功课。对于新手而言，在每一次操作的过程中都应该把出现异常的情况记录下来，每一次完成操作（买与卖的操作）之后进行分析总结。

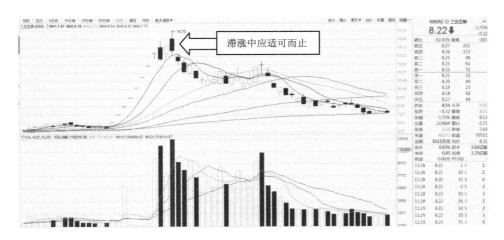

图 1-16　三五互联

在经历不断地实践总结之后，自然就能掌握在短线出击的过程中，哪些回落是正常的，哪些回落是必须回避的。唯有这样不断通过实践、总结，才能逐步提高自己的分析水准，并克服恐惧。

而对于实战经验丰富的短线投资者来说，往往会在重仓操作时出现恐惧心理。要想避免恐惧的心理出现，就必须管理好自己的仓位，不能轻易对某只个股进行重仓操作。

三、管好自己的手

短线操作并非是要频繁地操作，也并非是今天买明天就卖的简单操作，真正意义上的短线操作是在机会出现（大概率）的时候再去操作，并且回避一切可能出现回落的操作行为。

很多短线投资者其实并不是把握不了行情，而是克制不了自己的冲动。

只要是股市开盘的时间段都想去操作，想让自己的资金每天都在股市里运作。对于短线投资者而言，这种思想是非常可怕的，唯有懂得休息的短线投资者才是成熟的投资者，这里所说的休息是指懂得让自己的资金"休息"，这就要求投资者要对自己的操作行为进行严格的管理。

1．不随意操作

大部分散户之所以会亏损，我觉得最大的原因就是他们在没有任何准备的情况下随意参与。尤其是新入市的投资者往往会被股价的一时波动而影响，特别是在出现突发的大涨时更容易冲动。

对于短线投资者而言，在对目标个股没有一定把握时绝对不能随意出击，在没有准备的情况下宁可看错也不可做错，这是短线投资者必须遵守的原则。当个股出现突发性的上涨时，最容易诱使短线投资者犯下这种错误。成熟的短线投资者必须明白自己每一次投资的逻辑是什么、预期的目标价位是多少，以及充分估算有可能会出现的风险有多大。这些都是一名成熟的短线投资者在操作之前必须思考的问题，而非凭着感觉参与。

2．不轻易追高

在短线投资的过程中，盲目追高也是很多投资者容易犯的错，而且在追高的过程中一旦被套，损失往往是巨大的。有些个股在经历了一波上涨行情之后，特别是处于持续上涨行情的状态下，往往会在进入尾声时出现一个急速拉升的动作，这种动作是非常诱人的。这个时候往往就会吸引很多投资者入场参与，而且入场参与的投资者中大部分都把握不了其中的节奏，最终导致自己被深套其中。

短线投资者在实战的过程中，如果碰到个股在经历了一波长期的上涨行情，特别是在上涨幅度非常大的情况下出现了加速拉升的动作，那就要高度谨慎对待。即便此时要去参与也要谨慎对待，一旦趋势不对就要果断撤离。

当然，并不是说投资者绝对不能追高，而是不能盲目、轻易地去追高。

对于短线投资者而言，追高对其技术水平，以及心理素质也有较高的要求。追高必须有充分入场理由的支撑，且在追高的过程中必须严格要求自己。一旦股价出现滞涨就要果断出局，哪怕被套了也要毫不犹豫地出局。在追高的过程中投资者应保持轻仓操作，切勿重仓操作。新手尽量不要追高，碰见个股在高位区域出现快速拉升时，多看少动，特别是在大盘也处于高位区域运行时就更应如此。

3．少逆势操作

做短线要紧随大势，懂配合、懂休息。在大势处于下跌通道运行时，要懂得休息，减少操作的频率。

当大势在弱势的状态下运行时，对个股进行短线操作时一定要更加谨慎，一是要控制仓位；二是要降低盈利的预期，在减少操作频率的同时适可而止。在大势处于弱势的状态时，个股的反弹往往是短暂的，而且反弹的幅度也是较为有限的。特别是当股价运行到重要的技术压力位置附近时，短线投资者要审时度势，注意止赢，不要过于贪婪。

而新手在大势处于弱势的状态下运行时最好不要逆势操作。在这种情况下，投资者要尽量控制自己的操作，耐心等待行情好转后再去进行短线操作。有的时候等待也是一种操作策略。

第二章　快速看懂盘口信息

作为一名成熟的短线投资者，视角仅仅停留在常见类型的个股上是远远不够的，我们知道做短线的第一步是要选好目标个股，而选股的过程离不开看盘的环节，这个环节把握得好与坏会直接影响最终的收益。做短线要想获得更多收益的话，那必须具备快速看盘的能力，不仅要提高看盘的准确性，更重要的是要以最快的速度看懂盘口信息。

在本章中，我将重点讲解几种常见的看盘技巧。在快速看盘的过程中，不但要以最快的速度解读目标个股的盘口信息，而且要判断出当时大盘的运行方向。只有在看懂大盘运行方向的前提下操作，接下来的操作过程才能顺畅。

一、看懂大盘

投资者在操作的过程中必须先确定大盘的走势趋势，即在选股之前，必须先看懂大盘的趋势。对于很多短线投资者而言，确定大盘趋势并不是一件很轻松的事情，也经常因为受到大盘走势的影响而出现亏损。在大部分情况下，个股的波动都会跟着大盘的趋势走，特别是短线操作就更要注意这一点。

看懂大盘的走势方向是做短线投资必须要做好的一项工作。比如在抢反弹的过程中，一旦你把握住了大盘的反弹力度，那就能应对自如。否则，不但有可能会把到手的盈利吐出来，往往还会被套在里面，相信很多投资者都有过这种经历。对于大盘的判断，在实战过程中我总结了以下经验，在此仅供大家参考。

1．经济环境的影响

有一定基础的投资者应该都知道，股市是国民经济的晴雨表，在国家整体经济出现下行的情况下，股市一般不会好。或许很多投资者会觉得国家的经济走势很复杂，属于专业人士研究的范畴。其实不然，作为短线投资者，我们只要把握住经济大概率会在何时出现拐点，以及目前的经济环境是怎样的就行了。

（1）经济下行拐点。这里的拐点是指经济走势由原来的上行趋势向下行趋势转变，这就是我们通常所说的经济出现了下行。此时投资者要谨慎展开短线操作。新手在这个时候最好不要进行短线操作，特别是在当时的股指处于高位区域运行时。

（2）经济上行拐点。经济走势由原来的下行趋势向即将出现的上行趋势转变，这就是我们通常所说的经济复苏。在这种情况下，股市逐步变暖就是大概率事件。

如果大盘处于上涨趋势运行，或者当时处于高位区域运行时，投资者通过各种迹象判断经济走势出现了下行的苗头，那此时在操作上就要谨慎了，特别是在大盘处于高位区域运行时，一旦股指出现滞涨现象，投资者至少要对自己所持个股进行减仓的操作，在这种情况下大盘出现下跌往往是大概率事件。

如果大盘处于长期下跌通道或者是在相对低位区域运行时，通过各种迹象（数据）显示经济状态出现了明显的复苏。在这种情况下，投资者应该密切关注股指的动态，如果盘中出现了热点板块带动股指触底回升，同时不断有利好政策出台，此时短线投资者就可以积极地选择当时表现较为强劲并且具备板块效应的个股进行操作。

当我们看不懂经济走势，同时又是敏感期的时候，那对于短线投资者而言最好的操作策略就是等待，等待是为了寻找更合适的出击机会，学会观望也是投资者必修的课程。

2．国际形势的影响

这里的国际形势主要包括国际经济走势和外围股市走势动态两个方面，这些都会或多或少地影响我国股指的走势。对于国际形势对 A 股的影响我们可以从以下两个角度进行分析解读。

（1）外围经济不景气。 如果某个国家出现了经济下行，特别是出现了经济危机或者是金融危机的情况，而此时 A 股指数正处于高位或者是相对高位区域运行的话，在这种利空的影响下，要重点防范大盘出现下跌的走势。此时不宜展开短线投资，一是市场的投资情绪会受到较大的负面影响，刺激市场出现下跌应该是大概率事件；二是从整体盘面的获利筹码角度来看，在大盘处于高位或相对高位的情况下，获利回吐盘的压力也是相对较大的，再叠加外围经济利空的影响，此时入场展开短线操作的风险要远大于收益。

（2）外围股市大跌。 如果在某一天里外围股市出现了大跌（特别是美股），A 股市场一般在第二天都会受到影响而下跌，但这种影响会不会持续又要看国际经济形势如何。如果国际经济形势没有出现大问题，那这种影响将是短暂的；反之，则是长期的。短线投资者要时刻关注外围股市的动态，同时也要关注内部市场的政策导向，当大盘在长期的大幅度上涨之后，开始明确出现一系列的调控性政策导向时，大盘出现调整或股指回归理性就是大概率事件。对于短线投资者而言，此时应该以风险防范为主。同样，如果大盘出现了长期的下跌，不断向下跌破各个历史的低位，并导致市场出现了非理性的下跌。在这种情况下，往往也会有一系列的利好政策来刺激市场，大盘出现反转并回归理性往往也是大概率事件。短线投资者此时可以适当参与。

3．加息对大盘的影响

短线投资者可以通过加息来判断股指的走向，加息往往会导致大盘出现拐点。也就是说，如果出现连续加息的情况，那往往会给大盘的走势带来长期的负面影响。

（1）上市公司几乎都要和银行"打交道"，"打交道"无非就是信贷，既然是要从银行贷款来补充公司的现金流，那一旦银行实施加息就必然会增加公司的融资成本。这样一来，企业的运营成本自然就会增加，并最终降低企业的利润空间，会使得投资者降低了对企业业绩的预期，进而影响到股价的走势。

（2）投资者中肯定有一部分人是将银行里的储蓄拿出来一部分用于购买股票，如果出现加息的情况，且在股市的收益并没有达到预期，从理论上讲就会有一部分投资者考虑因银行的储蓄利息提高了而回归储蓄。当然，投资者从股市中抽出资金再次回归储蓄的现象并不多，但这至少会从心理上影响投资者，从而将这种影响带到市场中。

明白了以上道理之后，那么下面我们就来解读加息的消息对大盘的影响到底有多大。

（1）对高位的大盘影响。如果大盘经过了长期上涨，并且上涨幅度已经相当大，市场上的各个板块都出现了轮动的上涨。在这种情况下出现加息，那投资者就要高度谨慎对待，这往往是大盘出现反转下跌的导火索。一旦公布加息后大盘出现下跌，投资者要考虑的就是"落袋为安"。

（2）对上升趋势中的大盘影响。如果在大盘处于上涨中途时出现加息的情况，此时大盘的上涨幅度并不是很大，而且其他的经济指标都是处于良好的状态。那这个时候加息对市场的影响不会很大，可能在短期内大盘会出现一定幅度的回落，但回落的幅度一般都不会很大。从长期的走势来看，大概率不会改变大盘原有的运行趋势。换言之，在大盘经历休整并企稳之后，短线投资者可以精选个股适当进行短线投资。

（3）在一般情况下，政策层面上是不会选择在大盘处于明显的下行趋势中进行加息的。有一种情况可能会出现，那就是大盘处于短期上涨的过程中市场释放出加息的信号，随之引发大盘出现下跌。此时突然公布加息验证了市场传闻的真实性，在这种情况下，加息的当天大盘可能会出现大幅度的下跌，但是往往会在大幅度下跌之后企稳回升，从而走出一波上涨行情，这种现象其实就是我们常说的"利空出尽是利好"。在加息消息公布之前市场已经提前消化了利空消息，当然大盘出现止跌回升的前提必须是其他经济指标的情况良好。对于短线投资者而言，在股指企稳后也可以适当展开短线投资，但需要有较强的风险承受能力，同时要注意操作上的节奏，一旦盘中出现滞涨应及时了结，不宜过度恋战。

4．降息对大盘的影响

上面讲到了加息对大盘的影响。既然有加息的出现，那同样在某个时期国家也会通过降息来调控经济，这种调控又会给股市带来怎样的影响呢？要了解降息为股市带来的影响，就必须了解国家降息的目的。降息是指银行通过调整利率来改变现金流动的一种调控手段，降息的目的是为了刺激消费和投资。

从理论上来讲，降息会给股市带来更多的资金；而从资金的角度去解读，就能看出降息是有利于股市的。从股市的长远发展角度来看，降息对股市有实质性的利好，对股指的长期走势具有推动性的作用。要认真分析降息具体会给股市短期的走势带来什么程度的利好，会给哪些板块带来更多的机会，这才是短线投资者应该重点思考的。我总结了一些大概率会在短期内受到降息影响的板块，仅供大家在实际操作中参考使用。

（1）对绩优股、低市盈率股、高送派股的影响。降息对绩优股的正面影响较大，能够进一步提升公司的盈利空间。在具体的选股过程中，短线投资者可以参考个股已经公布的年报数据，从最基本的财务报表上去分析，这点对于一般的投资者而言不是难事，最终选择业绩优异、市盈率低、分红派现多，尤其是送股转增股多的"白马股"，然后理性操作。当然，从基本面上选择了一些目标个股后，投资者还要结合个股走势的技术面进行综合分析，毕竟短线投资的目标个股需要具备短期内有上涨欲望、各种技术指标走势较为完美，且经过一段时间的蓄势等条件。

（2）对地产股的影响。 降息对于地产股来说有直接性的利好，暂且不说降息会降低地产企业的运营成本，关键的时候降息会刺激消费者（买房者）消费。利率下调，人们贷款购买房子的负担就会明显减轻，进而调动买方的积极性，增加地产商的销售额。作为短线投资者必须要敏感，一旦出现加息就要立刻联想到哪些板块是直接受益的，比如确定地产板块后就要进一步分析哪些个股是最有潜力的，最终确定可以触及的目标个股。

（3）对扩大内需概念股的影响。 前面我们提到过降息在一定程度上有利于刺激人们的消费欲望，而消费主要表现在内需上。比如地产板块受益后就会带动下游企业，钢铁、水泥、建材等行业都会有表现机会。但短线投资者需要明白一点，那就是这些内需概念股受到降息的利好是长期的。因此，在选股的过程中要把重点放在有增量资金追捧的个股上。

判断增量资金的注入也有简单的方法，个股受到增量资金的追捧时成交量会持续明显放大，或者是逐步放大，同时股价会呈现出明显的回升或者是坚挺的拉升。当然，短线投资者在操作的时候要注意当时股价所处的位置，如果股价是在高位区域运行的话，那就要谨慎对待，不要轻易参与。

5．涨幅榜的影响

通过上面所讲的一些方法，我们可以大致分析判断大盘运行的大方向，但作为一名短线投资者不仅需要掌握大盘的方向，关键还在于能否判断大盘短期的波动方向。如果大盘短期内出现大的波动，那大部分个股也会随之出现大幅度的波动。

短线投资者首先要分析大盘在短期内的运行情况，只有在确定短期内大盘大概率处于相对稳定的情况下，才能展开短线操作。在分析大盘短期内的运行方向时，可以通过当时的涨幅榜来进行解读，这是一种比较直接的方法。在观察涨幅排行榜的过程中，主要是研究当时涨停的个股数量，以及当时的板块联动效应。

在具体分析的过程中，我们可以从以下几个角度进行分析。在这里我们还是以上证 A 股的排行榜为例（解读深证 A 股上的排行榜也是一样的方法）。

（1）早盘十分钟的排行榜。开盘之后立刻打开排行榜进行观察，如果在开盘后十分钟内在这个排行榜上出现了明显的热点板块，而且热点板块中有三只以上的同类别个股出现在涨幅排行榜的首页，同时排行榜首页的个股涨幅都在 5% 以上。出现这种情况，说明当天的大盘是相对强势的，如果当时大盘不是处于高位区域或者敏感的技术压力位置附近运行时，短线投资者可以在当时的热点板块中选择优质个股进行短线投资。但投资的前提是不能选择那些涨幅已经很大的个股，要选择那些具备板块联动效应的，或者是在低位蓄势待发的个股，并且不能重仓出击，除非已经确认当时的大盘环境是处于畅通的上升通道运行的。

（2）排行榜上的涨停数量。短线投资者还可以通过涨幅排行榜上的涨停个股数来分析短期大盘的走向。若当天开盘后十点半左右涨幅榜上有十只以上的个股出现涨停现象，并且排在这个排行榜首页的个股的涨幅都在 8% 以上，则说明当天的大盘是强势的，我们可以从以下几种情形来分析这种强势在实战中的可操作性有多大。

1）如果在出现这种现象之前，大盘一直是处于下跌通道运行的，而且在之前的一天或者是几天之前，大盘出现了大幅度的下挫，那此时在排行榜上出现以上这种现象往往是大盘大跌之后的技术性反弹。此时短线投资者可以选择一些强势个股，适当参与短线操作，但不能重仓出击。这种反弹能否持续数天还需要继续观察，但是一些强势股在一两天内一般都会有所表现，投资者在操作的过程中除了控制仓位外，还需要把握节奏，一旦失去反弹动力就要果断清仓出局，即便当时没有盈利也要理性出局。当然，对于技术功底不是很扎实的短线投资者而言，在这种情况下最好不要去抢反弹。

2）如果大盘经过一波下跌之后进入了一段时间的企稳筑底，并且在回升的过程中在涨幅排行榜上出现这种现象，这个时候短线投资者应该再耐心观察几天。如果在接下来的几天里，排行榜上出现涨停个股数量均在六只以上，那往往预示着大盘呈现出了较为明显的好转信号，后市有望继续向上拓展行情。当然，这还需要成交量的配合以及热点板块的配合，成交量需要明显放大，同时盘中要出现明显的热点板块。当大盘出现这种现象时，投资者可以选择目标个股进行短线操作，在选择目标个股的时候首先要关注那些有增量资金注入的，这样的个股在启动的时候才具备充足的"能量"，拉升的过程中力度会比较大。另外，目标个股必须有启动迹象，否则的达不到短线获利的预期。

温 馨 提 示

当时的大盘出现这种走势现象时，如果股价正好运行到重要技术压力位附近的话（比如半年线或年线附近），此时短线投资者就不要急于入场参与操作，应该等待大盘成功突破这个阻力位后再入场参与，因为有些时候大盘往往会因此受阻而出现回落的走势。

如果我们选择的个股也处于重要技术压力位置附近运行的话，同时在压力位置下已经经历了充分的整理，属于蓄势待发状态，这个时候投资者可以搏一下突破，但要注意控制仓位。

3）如果在排行榜上出现这种现象时，大盘是处于明显的上升通道运行的，而且此时大盘的上涨幅度并不是很大，那往往预示着大盘很有可能会进入加速拉升阶段。在这种情况下，短线投资者可以选择当时的热点板块进行布局，但需要注意的是，选择的热点板块不能被持续地炒作过，否则后市股价上涨的空间也是很有限的。因为当大盘处于这种状态下运行时，各个重点板块基本上都会出现轮动的炒作，所以短线投资者要快速选择那些刚轮动的个股进行布局。

4）当大盘经历了长期的上涨，并且是处于高位区域运行的，那在涨幅排行榜上出现了这种现象时，投资者就要更加注意了，这往往预示着本轮上涨行情快到尽头了。在这种情况下，短线投资者最好多看少动，若手中持有个股，那就要密切关注个股的后市动态。一旦排行榜上的涨停个股数量出现明显的减少，同时所持有的个股也出现了滞涨现象的话，就要及时清仓出局，这个时候要把风险放在第一位。

（3）开盘半小时后的排行榜动态。如果在开盘半小时之后，股指出现了下跌，并且涨幅排行榜上显示的个股出现涨停的数量没有超过三家，同时排在这个排行榜首页的个股的涨幅有一半以上的都是在 5%以下。[⊖]若出现这种现象，则预示着当时的大盘是处于弱势运行的，后市做多的动力如果无法跟上，那接下来的走势就不太乐观。

在具体的分析过程中，我们还要结合当时大盘所处的位置来进行详细的分析。具体可以分为以下几种情形来解读。

1）当大盘处于下跌通道运行时，在涨幅排行榜上出现了这种现象，同时热点板块很散乱，甚至根本没有明显的热点板块出现。这标志着大盘没有出现丝毫转强的迹象，在这种情况下，后市大盘继续下跌的可能性极大。对于短线投资者而言，此时多看少动就是最好的策略。

2）当大盘处于上升通道运行时，在涨幅排行榜上出现了这种现象，预示着大盘的上涨动力出现了明显的衰退，大盘随时都会出现调整甚至下跌的走势。在这种情况下，短线投资者即便要操作也要选择热点板块，并且时刻留意大盘的动向，一旦大盘调头向下就要及时清仓出局。对于新手而言，在这种大盘环境下最好不要操作。

3）当大盘已经经过了大幅度的上涨，即在大盘处于高位区域运行时，在涨幅排行榜上出现了这种现象，就可能是大盘见顶的信号。在这种情况下，短线投资者要高度重视，要随时做好减仓并准备出局的工作，一旦后市出现走弱并调头向下，就要及时清仓出局。

以上这些分析方法是在开盘后不久，根据涨幅排行榜上的情况来预测后市大盘的走势方向，当然这种方法对后市的走势预测并不是绝对的，但对于

⊖ 注：所说的涨停数量不包含 ST 类个股，前面所讲到的也是不包含 ST 类个股的涨停。

预测短期的走势方向具有较高的参考性。需要强调的是，在股市中没有绝对的技术，所有的分析技术都要结合当时的经济大环境来综合考量。

6. 在尾市异动中判断大盘走向

和个股一样，大盘在临近收盘的运行过程中往往也会出现异动，这里所说的异动包含尾市下挫和尾市拉升。大盘在尾市出现异动现象往往会直接影响到个股第二天的走势方向，有些时候这种异动甚至是后市大盘走势的风向标。短线投资者要尤其注意大盘在午后运行过程中出现的异动走势，要将导致异动走势出现的原因找出来，进而确定第二天大盘的走势方向。

有一定经验的投资者应该知道，大盘在尾市运行的过程中出现异动时，往往是大盘走势"变脸"的信号，特别是在大盘处于长期上涨之后的高位区域或者长期下跌之后的低位区域时。短线投资者应及时解读大盘异动的信息，做出正确的操作。在具体的分析过程中，我们可以从以下几个方面来解读尾市出现的异动现象。

（1）两点半后的突发性下挫。 如果大盘在下午两点之前都处于上涨通道运行，但在两点之后大盘突然下挫，而且这种下挫在截至当天收盘时都未被扭转回来。也就是说，截至当天收盘时，大盘依旧没有被重新拉起，有的甚至出现了下跌的行情。出现这种异动现象，预示着盘中出现了较为明显的抛压，这种抛压有可能是主动性的抛压，也有可能是故意打压而导致的。我们在分析时，要结合当时大盘所处的位置来细化解读。具体从以下几个角度去思考。

1）大盘处于高位运行。如果在出现这种尾市异动现象时，大盘是处于高位区域运行的，而且大盘在尾市出现下挫的过程中，盘中涨停的个股数量也出现了明显减少。在这种情况下，短线投资者要高度谨慎对待，大盘很有可能会就此结束本轮上涨行情。在一般情况下，第二天大盘会以低开的形式开盘，而且往往在第二天会继续走弱。短线投资者在看到大盘出现这种走势现象时，不要轻易去参与短线投资，同时要对持有的个股密切关注，一旦个股上涨动力不足就要果断获利了结。

2）大盘处于上升通道运行。如果在出现这种异动现象时，大盘是处于明显的上升通道运行的，同时两市中的（深市、沪市）个股也出了大面积的下挫，且在尾市下挫的过程中成交量出现了明显的放大。在这种情况下，短线投资者不宜展开操作。如果所持有的个股已经经历了一段时间的上涨，而且尾市也出现了下挫的走势，在下挫的过程中主动性卖单比较多。这个时候投资者应先获利了结，至少也要进行减仓操作。在这种情况下出现的尾市下挫，往往预示着后市走势会进入调整的阶段运行，甚至可能会引发一波下跌行情，短线投资者碰到这种情况时应尽可能地回避。

3）大盘在低位反弹的过程中。如果大盘在出现尾市下挫时是在低位区域反弹的过程中，并且大盘出现的回落幅度在2%以上，那此时投资者应该高度警惕反弹行情的结束。在这种情况下，抢反弹的短线投资者应该见好就收，不要对反弹空间寄予过高的预期，对所持有的个股至少要进行减仓的操作。当然，如果所持个股表现较为强劲，则可以继续持有，但是要时刻关注盘面动态，一旦出现上涨乏力的情况就要果断清仓出局。大盘在临近收盘时或者是在午后开盘之后出现的回落下跌，我们也称之为"尾市跳水"，短线投资者要重视这种现象，特别是在大幅度跳水的情况下，第二天大盘往往还会出现下跌的走势。

（2）尾市突发性拉升。上面我们分析了大盘在尾市运行过程中出现下挫时，对后期走势的影响。除此之外，在尾市运行的过程中出现突然拉升的现象也属于尾市异动现象，我们称之为"尾市拉抬"。对于这种情况，我们可以从当时大盘所处的位置来分析。具体的可以从以下几个角度来进行分析。

1）下跌通道中的突发性拉升。如果出现尾市拉抬的现象时，大盘是处于下跌通道运行的，而且当时的大盘已经经历了一轮下跌的行情。同时在出现尾市拉抬的当天成交量出现了明显的放大，并且盘中的热点板块很清晰（即出现了明显的热点板块），则预示着做多力量出现了明显的转强。对于短线投资者而言，看见大盘出现这种走势时就要密切关注接下来两三天大盘的动向，不能急于在出现异动的当天就去展开短线操作。

如果在接下来的两三天里大盘能够继续走强，成交量也呈现出明显的放大，同时盘中的热点板块也有持续的表现。在这种情况下，短线投资者就可以选择当时的强势股适当地进行短线操作，但是在选股时不要选择近两天出现暴涨的个股，这种类型的个股往往在暴涨之后容易出现调整。反之，如果在接下来的两三天里大盘无法继续走强，只是维持着僵局，甚至出现向下的情况，那此时观望就是最好的选择。

2）低位区域中的突发性拉升。当出现尾市拉抬的现象时，大盘是处于低位区域运行的，并且在出现尾市拉抬之前大盘在低位区域经历了充分的整理，是蓄势待发的状态。若大盘在这种情况下出现尾市拉抬，投资者可以通过当时的涨幅排行榜的情况来进一步确定大盘的后期走势方向。如果在当时的涨幅排行榜上有六只以上的个股涨停，而且排在涨幅排行榜首页的个股的上涨幅度都在5%以上，同时热点板块也很清晰。那往往预示着大盘有望就此展开一轮上涨的行情。但短线投资者此时也不能急于入场操作，应该耐心等待接下来的两三个交易日中大盘的动态，如果大盘在接下来的两三个交易日能够继续走强，盘中的热点板块也有持续的表现。此时短线投资者就可以对目标个股展开短线操作，在选股时同样要寻找那些具备板块效应的，并且是经过充分整理的个股。

温馨提示

很多短线投资者在这种情况下会犯下冲动的错误，在当天就急于展开短线操作。有些时候大盘的尾市拉抬往往是试探性的，若在接下来的几个交易日中，盘中的热点板块无法持续的话，那就很有可能会继续出现低迷的走势，这一因素是必须要考虑到的。

3）高位区域中的突发性拉升。当大盘出现尾市拉抬的现象时，若大盘是处于高位区域运行，那往往是危险的信号，这种动作一般都是主力故意引诱投资者而制造的假象。在这种情况下，出现的尾市拉抬会有比较明显的特征，那就是前期涨幅比较大的板块中的个股此时会出现快速拉升的现象（加速赶顶），正是由于这些个股出现集中的拉升，才促使大盘出现持续突发性的尾市拉抬。

大盘处于高位区域出现这种突发性的尾市拉抬现象时，短线投资者应该高度重视。如果手中所持的个股在这个时候出现了加速的拉升，那投资者就要时刻关注盘中的动态，一旦经过加速拉升后个股失去了上涨的动力，投资者就应立刻出局，这往往是见顶的信号。

对于持币的短线投资者而言，这个时候最好不要参与短线操作，因为大盘出现见顶的可能性很大。一旦大盘见顶后反转向下，个股的走势是不会好的。这种属性的个股在短暂的两三天里有可能会有不错的表现，投资者在参与的过程中不能重仓出击，要把握好节奏，一旦出现误判就要果断止损出局。

⊕ 二、看懂个股

在确认大盘具备短线操作的条件后，接下来就是要看懂目标个股的走势方向了，无论是在选股的过程中，还是在买进之后的跟盘过程中，观察个股的盘面走势迹象都是非常重要的。对于短线投资者而言，在看盘的过程中要通过盘面走势上的细节变化，以及盘中的一些异动现象看出主力做盘的意图，从而确定个股是否具备操作的条件，或者有没有继续持有的价值。

很多短线投资者在买进之后往往会感到迷茫，迷茫于看不懂股价的后期走势，一旦买进之后股价没有按照自己的预期方向发展时就会心浮气躁，绝大部分的新手都是在恐惧之中将筹码抛售出去。在短线操作的过程中，一旦误判了方向，就会让自己陷于完全被动的局面中。

在个股的看盘方面，我总结了以下经验，仅供大家参考使用。

1. 看个股趋势

目标个股的运行趋势决定着投资者盈利的空间，确定个股的运行趋势就等于把握了出击的方向，在趋势向好的时候短线投资者可以果断出击，在趋势不好的时候短线投资者要做的就是休息，等待机会的到来。

只要是对股市稍有了解的投资者都应该知道，所谓的趋势无非就是上涨趋势和下跌趋势。当然，如果继续细分还有整理趋势，即股价在某段时间里的运行过程中处于上下两难的格局。

有经验的短线投资者懂得在趋势转化的时候，将其作为操作的临界点。当个股处于下跌趋势向上涨趋势转化时，那就是我们短线操作的买点，当然这个时候短线投资者还要结合个股的其他技术指标分析，进一步确定目标个股是否具备短期启动的条件，然后再确定入场参与操作的时间点。同样，当个股处于上涨趋势向下跌趋势转化时，那就是短线投资者了结筹码的卖点。在短线操作过程中应从两个大方向去把握买进与卖出的机会，只有把握好个股的大方向后，我们才能够从其他的技术指标上确定具体的买卖点位。

很多书籍中都提到了"趋势线"这一概念，特别是在做波段的过程中趋势线被应用得比较广，短线投资者也可以借助个股的趋势线来研究后市股价的运行趋势。但是，短线投资者在借助趋势线研究时，不能仅仅停留在表面上，而是要深入挖掘其中的信息。

要想借助趋势线来研究个股的运行趋势，首先要弄明白何为"趋势线"。趋势线可分为上涨趋势线和下跌趋势线，当股价在下跌通道运行时，我们把每次反弹过程中的最高点（在日 K 线走势图上的最高点）用直线连接起来，这条直线被称为"下跌趋势线"。同样，当股价处于上升通道运行时，我们把股价每次调整的最低点（在日 K 线走势图上的最低点）用直线连接起来，这条直线被称为"上涨趋势线"。

理解了趋势线的概念之后，下面我们先来研究下跌趋势，看看当个股处于下跌趋势运行时，短线投资者在实际操作中应该如何去应对。

（1）下跌趋势

判断个股处于下跌趋势运行的方法非常简单，前面我们介绍了下跌趋势线的定义，在这里就可以利用下跌趋势线来研究股价的趋势状态。如果我们所关注的目标个股的股价始终是处于下跌趋势线之下运行的，这种趋势是不利于短线操作的。此时，短线投资做的是技术性反弹，一旦在趋势压力附近受阻，就应及时了结，不宜过度恋战。

如图 2-1 所示的三特索道（002159），该股当时处于明显的下跌趋势。对于这种走势的个股，在短线投资过程中应谨慎对待，如果当时的大盘没有出现明显的企稳回升，投资者应尽量少参与。

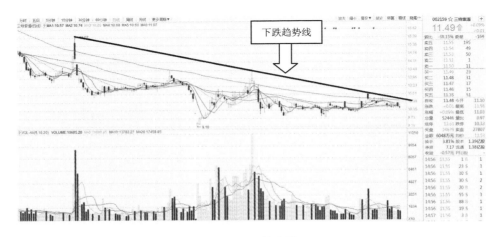

图 2-1　三特索道

在这种趋势下，短线投资者要做的就是等待，如果通过盘面迹象跟踪后确定有主力在里面，应耐心地等到股价脱离下跌趋势后，或是出现了较强力度的反弹后再入场参与操作。遇到这种类型的个股时，投资者首先要明确此时股价依旧是处于下跌趋势运行的，只要趋势没有被改变，那这种反弹随时都有可能结束。

有了这种意识之后，技术较好的短线投资者可以适当参与，但是不应重仓操作，一旦发现反弹乏力之后就要立刻离场出局，哪怕没有盈利也要果断止损出局，我们必须有这种思想准备才能去参与短线操作。对于新手而言，最好不要去碰这种类型的个股。

（2）上涨趋势

在短线操作的过程中，投资者在选择目标个股的时候应该寻找那些处于
上涨趋势运行的个股。选择方法也很简单，投资者只要打开个股的日 K 线走
势图进行观察就可以看出个股是不是处于上涨趋势运行的，如图 2-2 所示为比
亚迪（002594），该股于 2020 年 6 月初进入了上升通道。

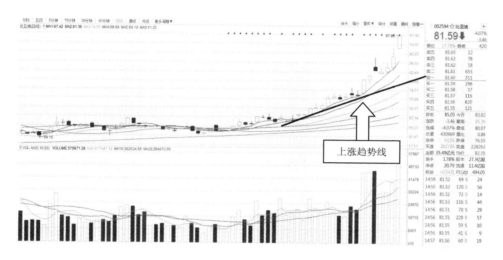

图 2-2　比亚迪

短线投资者在观察个股的走势过程中，选择好趋势，即确定目标个股是
处于上涨趋势运行之后，还要确定目标个股是否具备板块效应。如果目标个
股是当时的热点板块，那短线投资者就可以入场参与操作。在具体的操作过
程中，可以关注以下这些操作要点。

1）在上涨趋势运行的过程中，股价每次回落或横盘休整时都未引发大量
的主动性抛压，即股价在回落的过程中很少有主动性的卖单涌现，成交量呈
现出明显的萎缩。即便在回落的过程中成交量出现了放大，也是因为盘中出
现了大量的向下对倒单而导致的。

2）每当股价回落到上涨趋势线附近时，回落的动力就会出现明显的衰退，
即股价在上涨趋势线附近受到了强大的支撑。在一般的软件中是没有趋势线

的，需要投资者自己画出来，然后观察股价回落到趋势线附近时的表现。短线投资者在遇到这种类型的个股时，必须要快速发现这一细节，唯有股价在回落的过程中受到了趋势线的支撑，才能确定股价上涨的趋势没有被打破，后市股价才会大概率继续沿着原有的上涨趋势运行。

3）如果在满足上面这两点的同时，股价在回落的过程中卖盘上不断有大手笔的卖单挂出，而买盘上挂出来的都是一些零散的小单，但是却没有引发大量的抛售，在这个过程中主动性抛压依旧是非常稀少的。那我们基本上就可以确定，股价经过回落之后依旧会延续上涨的行情。此时短线投资者要做的就是等待股价启动，一旦股价回落之后出现了回升，并且在回升的过程中主动性买单比较积极的话，就可以入场参与操作。但前提必须是当时的股价上涨幅度并不是很大，否则同样需要谨慎对待。

有些个股虽然处于上涨趋势运行，但是往往上涨速度比较缓慢，这就要求短线投资者入场之后要有足够的耐心。除此之外，要善于抓住个股在上涨趋势中的加速拉升，这对于短线投资者来说是可以快速获利的。

如图 2-3 所示的酒鬼酒（000799），该股在处于上涨趋势运行时，于2020 年 6 月底出现加速拉升的动作。从整体上来看，这波上涨行情是非常可

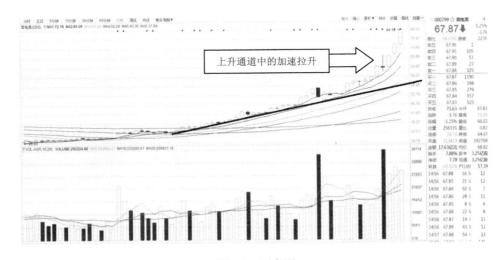

图 2-3　酒鬼酒

观的。一旦短线投资者在操作之前确认了目标个股的上涨趋势后，只要通过盘面上的迹象来寻找一个较好的买点就行了。

当然，有些时候个股进入上升通道运行后，也会出现一些整理或回撤的动作，甚至会试探性地击穿趋势线。对于这种走势现象，在具体的操作上我总结了以下经验，仅供大家参考。

1）股价在上涨趋势运行时，在出现整理或回撤的过程中，股价的回落幅度一般并不会很大，同时在整理的过程中很少有主动性的卖单涌现，这一点需要投资者耐心观察实盘走势才能将这些信息挖掘出来。有些时候卖盘上会挂出大手笔的卖单，但是股价依然没有出现大幅度的下挫，盘中并没有因为有大卖单挂出而出现恐慌性的抛售。如果股价在整理的过程中出现了以上这些走势迹象，那基本上可以确定这种整理是正常的整理，股价的上涨趋势一般不会因此而改变。当然，前提是当时的股价没有被大幅度拉起，否则也需要谨慎对待，以防主力故意用这种方式来出货。

2）有些个股在整理的过程中成交量会呈现出明显的放大，但是成交量的放大主要是由于盘中出现了大量的向下对倒单而导致的，股价在分时图上会呈现出直线式的下挫。只要投资者当时能够仔细观察盘面，是很容易发现的。股价在大手笔的向下对倒单的打压下会出现较大幅度的回落，但是盘中主动性抛压并不是很沉重，即没有因此而引发恐慌性的抛售。股价被向下对倒单打压到一定程度之后，买盘上往往也会出现大手笔的买单，随后股价出现止跌回升的情况。如果股价在整理的过程中出现了这些迹象，那也基本上可以确定这种整理是正常的整理，股价一般不会因此而改变原有的上涨趋势，但前提依旧是当时的股价没有被大幅度拉升过。

3）短线投资者在看盘的过程中，若发现了以上两点中所讲到的迹象，那接下来的工作就是如何寻找买点了。对于出现这种整理的个股，在回升的时候往往会有大动作，即会被快速地拉升一两天甚至拉升一个阶段。这个时候，盘面上也是有迹象可寻的，股价在进入快速拉升的初期往往都会在卖盘的某个价位上，一般会在卖三上挂出大手笔的卖单，而其他价位上挂出来的都是一些零散的小单。随后就会出现向上对倒的现象，直接将卖盘上挂出来的大卖单吃掉，股价在分时图上会呈现出直线式的拉升。

出现这种现象时，股价往往会走出一两天的快速拉升行情，短线投资者此时就可以入场参与操作，但同时也要注意控制仓位，这种类型的个股往往会出现反复的整理。当然，激进型的投资者也可以参考趋势线选择买点，即每当股价回落到上涨趋势线附近时受到了支撑而回升，那此时就可适当买进，但前提必须是投资者能判断出这种整理是正常的整理。

短线投资者在确定了处于上涨趋势的个股后，要用良好的心态去对待它，有些个股在上涨的过程中是稳步型的，即单单从当天的涨幅来看是很小的，但是累积起来的涨幅是很乐观的。另外，确定上涨趋势的个股后，投资者还需要仔细观察盘中的细节变化，从而寻找最佳的入场时机，这样才能把握股价加速拉升的机会。买进之后同样要密切观察后市股价的运行动态，一要看股价经过一段时间的拉升后是否会出现加速拉升的行情，如果出现了加速拉升的行情，而且在加速拉升的过程中出现了大量的向上对倒单，那投资者就要时刻做好获利了结的准备；二要看股价在上涨过程中是否一直依托上涨趋势线运行，如果股价在某次回落的过程中跌破了上涨趋势线，那也是需要注意的，跌破之后如果买方不能及时将股价再次拉起，投资者也是要及时出局的。

要提高短线操作的成功率，确认目标个股的趋势是关键，在确定大盘环境适合短线操作之后，再确定目标个股的大方向（趋势）是否具备操作的条件，然后寻找个股的买进时机，这是短线投资者修炼的路线。

在分析的过程中，确认个股的趋势属于相对简单的环节，难点在如何确认趋势的转化，如上涨趋势向下跌趋势的转化，或是下跌趋势向上涨趋势的转化，这是让很多投资者纠结的问题。另外，确认个股的买点也是让很多投资者头痛的事情，找不准个股的入场点是众多短线投资者普遍存在的问题。

要解决这些问题，我觉得没有捷径可走，唯有靠自己不断实践，总结出一套属于自己的操作模式。在股市里投资没有理论知识是不行的，但仅仅有理论知识同样是不行的，学习理论知识之后我们必须付诸实践，在实践中总结经验，这才是在股市中生存的王道。

投资者必须得学会变通，这个市场永远都存在不确定性。很多投资者都会走进误区，认为买几本书直接"抄作业"就能赚钱，特别是对于那些刚入市的新手。在此我希望有这种认知的读者明白一个道理，如果股市真的那么简单，那就不是股市了。

（3）整理趋势

整理趋势有的时候又被称为"震荡趋势"，在股价运行的过程中整体呈现出上下两难的格局，有些是长期的横盘，尤其是在股价经历长期下跌之后进入筑底的阶段。对于这种类型的个股，如果是有主力资金注入而促使出现的筑底，那短线投资者需要密切关注其盘面的动态，一旦整理之后出现拉升往往就是短线操作的机会。

如图 2-4 所示的石大胜华（603026），该股在经历一波幅度较大的回落下跌后，于 2020 年 6 月初进入趋于横盘的走势格局。如果从趋势角度而言，这

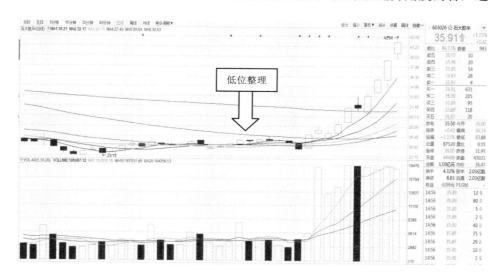

图 2-4　石大胜华

是属于低位整理趋势，该股随后走出了一波较为强势的上攻行情。但并不是说只要在低位出现了这种类似于横盘整理的走势后，股价随后就一定会走出上攻行情，必须是有主力资金注入之后的整理，接下来出现上攻行情才是大概率事件。

对于这种类型的个股，我总结了以下经验，仅供大家参考使用。

1）在进入横盘整理运行之前，股价已经经历了幅度较大的下跌行情，同时在进入低位区域运行之前，成交量有过一段时间的萎缩。

2）确认当时股价在进入横盘整理之前经历了较大幅度的下跌之后，接下来就要判断这种整理是不是由主力故意干涉而导致的，这一点也是很多投资者难以把握的。

如果是主力故意干涉而导致出现的震荡，那在盘面的走势上就会出现一些细节上的迹象，既然主力要干涉，那就必须动用自身的筹码来控制盘面的走势。这样一来，投资者就可以通过股价在分时图上的走势，以及买卖盘上的动态来分析判断。

如果股价在整个整理趋势运行的过程中，在每天的分时图上都会呈现出异动上冲或者是下挫，而且是呈现出直线式的上冲或者下挫。同时每次股价出现上攻基本上都是被向上对倒单拉升上去的，而每次股价出现下跌几乎都是被大手笔的向下对倒单打压下去的。

另外，在一般情况下，当股价向上震荡到一定程度之后，在卖盘的某个价位上往往会挂出大手笔的卖单压制股价上涨的空间，有些时候甚至会在几个价位上同时挂出大卖单。同样，当股价向下震荡到一定程度之后，买盘上的某个价位也会挂出大手笔的买单封住股价的下跌空间，有些时候往往会在几个价位上同时挂出大手笔的买单。

3）股价在整理震荡趋势运行时，若盘面上的走势迹象同时满足上面所讲到的两点，那短线投资者就要密切关注后续股价的动态，如果经历整理之后股价出现向上发力脱离整理平台的话，就可以适当参与。

◈ 三、看个股点位

我们已经分析了在短线看盘的过程中，如何快速看出目标个股当时所处的趋势。在看懂了目标个股的趋势之后，如果确认了目标个股当时是处于上涨趋势运行，那接下来的重点就要关注目标个股当时所处的点位。

假如有一只个股刚刚从底部区域启动，那从上涨空间的角度而言就具备较大的弹性。反之，当一只个股处于市场高位运行时，在操作上就要谨慎对待。即便此时该股还是处于上涨趋势运行的，但这种趋势随时都有可能改变。对于价位处于高点位的个股，即便要参与短线投资那也要严格地设置好止损的点位以及盈利的点位，并在操作的过程中严格执行设置的离场价位。

对于短线投资者而言，在看盘的过程发现个股在分时图上的走势非常疯狂时，除了兴奋外，还应该留意下此时的股价是不是已经经过了大幅度的上涨。如果是的话，那就要提防股价有可能是最后的疯狂，这种疯狂在某种情况下有可能给短线投资者带来短期的丰厚利润，但利润和风险是共存的。抢这种类型的短线需要投资者具备非常高超的技术水准，同时心理预期也要理性，在出现误判时还有果断止损出局的勇气。

在观察个股的点位过程中，我总结了以下经验，仅供大家在实战过程中参考使用。

1. 个股低点位，大盘高点位

这种现象也是时常会出现的，即个股在某一天里出现突然大涨，且个股当时是处于低位区域运行的，这一点很容易判断，投资者可以直接打开目标个股的日 K 线走势图查看详情。但若当时的大盘是处于高位区域运行的。这种类型的个股在出现突然大涨的时间点，往往是在早盘开盘不久的时候，这样就会让短线投资者纠结，担心不参与会白白浪费机会，但参与又担心会被套其中。

面对这种点位的个股时，短线投资者要把分析的重点放在个股是否具备板块补涨效应，在大盘走出一轮上涨行情的过程中，各个板块基本上都会被轮番炒作。有些板块会先于大盘出现上涨的行情，而有些板块却会迟于大盘出现上涨的行情。

正是因为这种迟于大盘的表现，才会促使有些个股在大盘已经明显走出一轮上涨行情之后，处于高位区域运行时，个股才会出来表现一下。当投资者看到上面这种类型的个股时，首先要判断出该股所处的板块是不是整体没有在这轮行情中表现过。如果是的话，那接下来就要重点观察此时整个板块是否出现了整体的联动走强。

确认出现整体走强，短线投资者也不要急于在早盘出击，应继续保持观望，看看股价是否在上午十点半之后依旧能够走强。如果能继续走强的话，那此时就可以适当地入场参与操作。但在买进之后不仅要密切关注目标个股的走势动态，同时也要时刻注意大盘的动态，一旦大盘出现见顶向下运行，在个股出现上涨乏力时就要立刻离场。

对于处于这种点位环境下的个股，投资者最容易在早盘看到个股出现突然大涨时冲动，盲目地买进之后在出现冲高回落的过程中被套。越是在早盘出现突然的快速上涨，短线投资者就越要谨慎对待。往往在出现大手笔的向上对倒单把股价直线式拉升后，出现一波回落的行情，这个时候投资者就要把分析的重点放在回落过程中的盘面迹象上。

如果在回落的过程中不断有主动性的卖单涌现，从而导致整个回落的过程中成交量呈现出明显的放大，那这个时候投资者就不要去参与短线操作，这至少意味着当时盘中的主动性抛压很沉重，股价想在短期内出现继续上涨的可能性就比较小。反之，如果在回落的过程中很少有主动性的卖单涌现，股价的回落主要是由于卖盘上出现了大手笔的卖单压制而导致的，或者是由于盘中出现了大手笔的向下对倒单将股价打压下去而导致的。在这种情况下，后市股价出现再次拉升的可能性相当大，此时短线投资者应该密切关注后市股价的动态，一旦股价再次向上启动就可以适当入场参与操作。

2．个股高点位

我们经常会遇到个股在某一段时间内出现加速拉升的走势，股价在分时图上呈现出非常诱人的形态，但是当我们打开该股的日 K 线走势图时却发现该股已经经历一波大幅度的上涨行情，即当时的股价是处于高位区域或阶段性高位运行的。

这种类型的个股，我们称之为处于高点位或是处于阶段性高位运行，此时无论大盘是处于哪种区域运行的，短线投资者都要谨慎对待。特别是面对高点位出现滞涨不前的个股时更要谨慎，此时不要单纯认为这是主力在洗盘而盲目地入场参与短线操作。对于这种类型的个股而言，在操作上要提防其在滞涨之后进入调整阶段。

如图 2-5 所示的宁德时代（300750），该股当时运行到高位区域时出现了这种滞涨的现象，即股价于 2020 年 2 月呈现出高位滞涨的现象，而后便引发了一波回落下跌的走势，下探到半年线附近时才受到支撑。

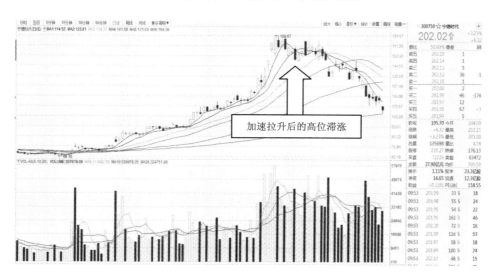

图 2-5　宁德时代

持股者往往会沉醉于当时该股出现的加速拉升的行情，而不舍得在滞涨的过程中获利了结，或通过减仓的手段来防范风险。场外的投资者往往会认为这种滞涨只是主力在清洗盘面，会把注意力放在前面的加速拉升上。换言之，他们会过于乐观地认为这种滞涨只是技术性的修正，而忽视了高位的风险酝酿。在这种情况下，投资者很容易重仓入场。

在短线操作的过程中，遇到这种类型的个股时，投资者首先要考虑的就是股价的点位。当目标个股处于高点位运行时，短线投资者应该把风险放在第一位。高点位中出现滞涨或者整理情况时，一定不能单纯地认为是主力洗盘。投资者即便要参与，也要严格地控制仓位，同时要设置好止损点位，一旦股价跌破设置的点位时就要果断出局。

也有些个股在高位经历一段时间的滞涨之后，还会出现一波快速拉升的走势。如果股价是被频繁对倒单拉升上去的，那这种滞涨后的快速拉升也需要高度谨慎对待。对于短线投资者而言，在参与过程中一定要把握好节奏，不要重仓参与。

如图 2-6 所示的奥翔药业（603229），该股于 2020 年 6 月底在高位区域出现滞涨后，又在连续两个交易日出现快速拉升的走势，但随后便引发了一波快速回落下跌的行情。如果短线投资者在操作过程中没有把握好其中的节奏，往往会被深套其中，至少短期内被深套是大概率事件。

对于这种在高位出现一波加速拉升之后进入滞涨阶段的个股，我们在分析的过程中要根据当时的盘面迹象来分析。我总结了以下要点，供大家在实战过程中参考使用。

（1）在刚刚进入加速拉升时，买盘上往往会挂出大手笔的买单，而且一般都会挂在买二或买三处，有的甚至会挂在买一处。同时在卖盘上却很少有大手笔的卖单出现，即便有也会在随后的拉升中被直接向上对倒掉。如果频繁出现这种挂单现象，那投资者就要高度谨慎对待，在买盘上挂出大单的目的是让投资者觉得买盘积极，而在卖盘上很少有大单出现就会让那些对盘面迹象稍微有点研究的投资者觉得这个时候抛压很稀少，从而达到吸引场外资金入场的目的。既然主力是要吸引场外资金入场，那这种拉升一般都不会是一两天的行情，至少要给场外资金一些反应的时间，等散户逐步进场之后才能将筹码抛售出去。也正因为是这样，才会给短线投资者提供短线操作的机会。

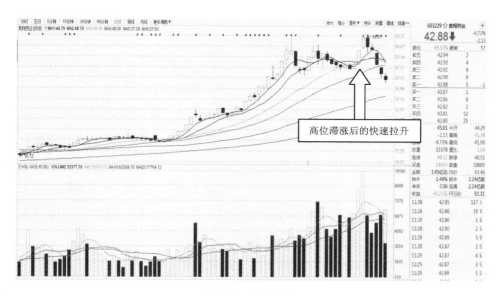

图 2-6 奥翔药业

（2）股价在进入加速拉升阶段后，在分时图上往往都会以直线式的形式拉升，即股价出现的拉升基本上是被盘中出现的向上对倒单拉上去的。同时，每当股价在分时图上的拉升达到一定程度之后，便会出现回落或者是进入震荡的阶段运行。股价在分时图上频繁呈现出直线式拉升，这样就更能吸引场外资金。同时，在分时图上拉高到一定程度之后，股价会出现整理或者是小幅度的回落，并在整理或是回落之后再次向上拉升，这样就会让大部分投资者相信后市股价还会有一波更长的上涨行情。从而引诱他们以中长线的布局去入场参与操作，这就给主力出货提供了有利的条件。短线投资者在买进之后可以根据这种盘面迹象，来判断后市股价是否还有进一步上涨的空间，从而确定自己抛售的时间点。

（3）当加速拉升行情运行到尽头时，买盘上往往会不断地挂出大手笔的买单，但是此时挂出来的大买单往往会被频繁地撤掉，即在股价出现回落的过程中在买盘上挂出来的大买单，会随着股价不断地下移而出现撤单的现象，被撤掉之后又会调低价位重新挂出，整个过程会重复。在加速拉升一段时间之后，盘面上出现这些走势迹象时往往预示着这波加速的行情快到尽头了，此时短线投资者就应该择机抛售手中的筹码。

有些个股会在加速拉升一段时间后，在某一天里突然出现大幅度的高开，高开之后便开始一路走低，在分时图上呈现出单边下跌的格局。同时在高开低走的过程中不断有主动性卖单涌现，从而导致成交量出现明显的放大。这种走势现象也预示着这波加速行情基本走到了尽头，此时短线投资者也要及时获利了结，不要对后市抱有过多的幻想。

前面我们讲了如何从盘面动态的各个角度去分析这种类型的个股，那接下来最关键的就是投资者在实际操作的过程中如何去把握，这也是很多投资者关心的问题，同时也是短线操作中最核心的问题。

关于实盘操作，我也总结了以下经验，仅供大家参考使用。

（1）确定这种加速拉升的动作具备短线操作的前提后，要合理布局仓位，不能重仓出击，对于这种类型的个股一旦把握不好其中的节奏，风险也是较大的。投资者要根据自身对风险的承受能力合理布局仓位，同时设置好止损点位并严格执行。

（2）在刚进入加速拉升的第一天不要急于在早盘入场，投资者应该等到股价运行到十点半左右，确认这种加速拉升进入平稳状态时再入场买进。这里所说的平稳状态是指在早盘出现冲高之后没有出现大幅度的回落，而是在稍作整理之后便继续向上拉升。这一点需要投资者加以重视，有些个股在早盘出现大幅度冲高之后，并不能继续向上拓展行情，而是在早盘冲高之后很快就回落了。

（3）买进之后要时刻关注盘面动态，越是拉升疯狂就越要注意风险，不能只沉迷在拉升过程中的亏盈上，在没有变现之前一切只是数字。在股价加速拉升的过程中，若股价的拉升动力不足，且盘中出现了明显的主动性抛压，投资者就要及时获利了结。对于短线投资者而言，"见好就收"的态度很重要，过于恋战的话往往会让自己走向"灭亡"。

另外，对于这种类型的个股，10日均线是短线投资者的"最后防线"。一旦股价在加速拉升的过程中跌破了10日均线的支撑（这里的跌破是指由主动性抛压而导致跌破的），此时就不能再犹豫了，应该立刻清仓出局。而对于那些刚入市不久的短线投资者，不建议去参与这种类型的短线操作，无论是从心态的角度，还是从技术的把控程度上来看都不是很成熟，一旦失手了不仅会让自己的资金有所损失，还会影响到后期操作的心态。

3. 个股中位运行

这里所说的中位运行，是指目标个股进入明显的上升通道运行时出现了一些异常的动作，而且当时股价的上涨幅度也并不是很大。有些时候，这种类型的个股也会给短线投资者带来一些短线操作机会。

个股处于中位区域运行时，往往会出现一段时间的整理，并且在整理之后向上启动拉升，这种拉升会给短线投资者带来机会。当然，投资这种类型的个股是有前提条件的，并不是所有的在中位区域出现拉升的个股都可以进行短线操作。

如图2-7所示的上海凯宝（300039），该股进入上升通道后于2020年1月以窄幅度震荡的形式整理，而后便走出一波快速拉升的行情。对于短线投资者而言，如果能捕捉到这种类型的个股，其短线收益也是相对乐观的。

相对于高位出现的快速拉升，这类个股（在中位出现加速拉升的个股）在短线操作过程中存在的风险要小很多，并且在操作起来也没那么复杂。如果在大盘趋势不理想的情况下遇到这类个股，那短线投资者在操作的过程中同样是需要谨慎对待的，而经验不是很丰富的投资者最好不要轻易去碰它。

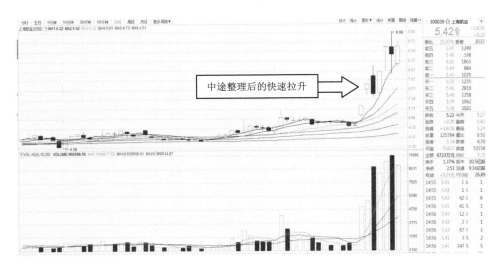

图 2-7　上海凯宝

在大盘处于明显的上升通道运行时，对于这种类型的个股，我总结了以下实战经验，仅供大家参考。

（1）股价在进入加速拉升之前，最好已经经历了一段时间的整理，并且整理的时间越长越好，在整理的过程中主动性卖单越少越好。股价在进入加速拉升之前如果经历了一段时间的整理，那盘中的浮动筹码就会得到一定程度的清理，从短期角度来看，在随之而来的加速拉升过程中，股价的上涨空间会越大。在整理的过程中，如果卖盘上不断挂出大手笔的卖单，但是盘中主动性卖单却很稀少，则预示着盘中持股者的持股信心很坚定。出现这种盘面迹象时，投资者应密切关注盘面的动态，一旦出现较为稳健向上拉升脱离平台的动作时，投资者就可以适当进行短线操作。

（2）在整理的过程中成交量越萎缩，预示着盘中的抛压就越小。一旦进入加速之后，股价出现大幅度拉升的可能性就越大。短线投资者遇到股价在中位区域运行的情况时，可以把分析的重点放在是否有整理的动作上，并仔细分析在整理过程中的盘面迹象，从而判断这种类型的个股是否具备短线操作的条件。

（3）股价在进入拉升的过程中，卖盘上往往会出现大手笔的大卖单，这些大卖单一般都会挂在卖三上，或者在卖三以上都会挂出大手笔的卖单。但无论挂在哪个价位上，当股价运行到这个价位附近时，这些大卖单或被撤掉或被直接对倒掉。

当我们在看盘的过程中，发现个股在中位区域运行时进入加速拉升阶段中出现了这些挂单迹象时，基本上可以确定这种拉升是由主力再次启动而促使的。对于短线投资者而言，只要在拉升的过程中主动性卖单不是很沉重，那这个时候就可以适当展开短线操作。

之所以在股价加速拉升的过程中，卖盘上出现了大量的大手笔卖单，是因为主力想用此方法来测试盘中持股者的心态是否稳定。如果在拉升的过程中，盘中持股者不是很坚定的话，那当他们看到挂出大卖单后就会以为卖盘沉重，从而将所持的筹码抛售出去。反之，在这个过程中很少有主动性卖单涌现，在这种情况下，主力往往会继续向上拉升股价。

遇到股价在中位区域运行的过程中出现这种挂单现象时，投资者只要用逆向思维去思考，就能轻松地看出此时挂出的大卖单是主力故意挂出来的，主力的意图并不是真正想抛售筹码。

在观察个股的盘面走势时，如果投资者能够把动态细节挖掘出来，读懂主力做盘的意图就不难了。在股价运行的过程中，买卖盘上的挂单动作是非常重要的，很多信息都可以从挂单上得到，从这些信息中可以看出主力做盘的手法以及其真正意图。在后面的讲解中，我会详细介绍。

（4）股价加速拉升到一定程度之后，一旦出现了大幅度的高开低走的现象，短线投资者就应该先获利了解，这个时候股价往往会出现一段时间的休整，有的甚至会结束这波快速拉升的行情，这个时候就应该回避有可能出现的调整行情。　不过，有些个股在加速拉升一段时间之后也会以滞涨的形式来进行调整，或者结束这轮拉升行情。这个时候短线投资者应该见好就收，不要指望每次都卖在最高点。

当投资者看到股价在中位区域出现了加速拉升的现象时可以参考以上迹

象来操作。在跟盘的过程中不要只看加速拉升的表面，应该把重点放在股价拉升过程中的盘面细节变化上，这才是看盘的精髓。

另外，有些个股在整理之后往往还有一个回落的动作，而且大部分都是以高开低走的形式出现回落的。遇到这种情况时：第一，要通过盘面细节确认整理是由主力洗盘所导致的；第二，要密切关注回落过程中成交量的变化，整个回落过程中需要有明显的萎缩；第三，关注回落过程中的干扰动作，如果回落是刻意的"挖坑"动作，那在回落的过程中会出现明显的大卖单压盘现象，或出现较为明显的向下对倒单打压股价的动作。

如图 2-8 所示的理邦仪器（300206），该股于 2020 年 1 月底出现了回落的走势，但回落到半年线之后便走出了一波拉升的行情。

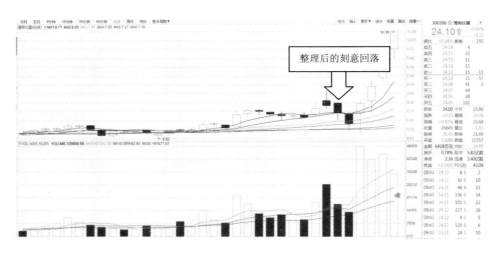

图 2-8　理邦仪器

4．个股、大盘低点位

当个股和大盘都经历了一波长期的下跌之后，处于低位区域或相对的低位区域运行时，在此情况下有些个股也具备短线操作的机会，比如在超跌之后迎来的技术性反弹行情，如果把握住机会，投资者也是可以在短期内获取较为丰厚的收益。

在经历一轮下跌行情之后，有些个股会迎来报复性反弹，这种反弹虽然维持的时间不会很长，但是它所带来的短期拉升空间却往往是很诱人的。当然，还有一些个股在触底回升之后，先会出现一波回落确认，而后再企稳构筑平台。经历反复的整理构筑后，往往也会迎来一波快速拉升的行情。

如图 2-9 所示的江南高纤（600527），该股于 2020 年 3 月回落到半年线附近构筑平台，而后走出一波强势拉升的行情。在当时的情况下，个股和大盘都处于相对低位，而且该股前面也出现过一波上攻行情。从形态来看，该股在脱离底部区域后形成了 M 形的走势形态。

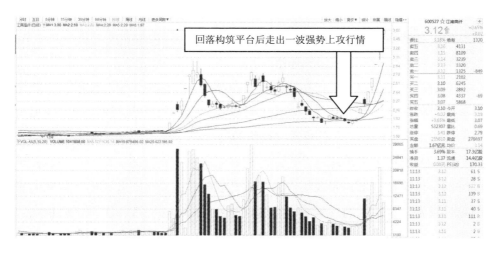

图 2-9　江南高纤

如果当时的大盘处于低位区域，且筑底回升的趋势并不是很明朗的情况下，在实际操作的过程中，这种类型的个股存在的风险也是相对较大的。对于短线投资者而言，在投资的过程中除了要严格控制仓位外，一旦后市股价并未出现预期中的上涨行情，要及时出局。

正因为受到当时大环境的制约，所以就要求短线投资者在投资这种类型的个股之前，要仔细分析当时个股的盘面迹象，判断这种快速拉升的动力是否能够持续一段时间，然后再决定它是否具备短线操作的机会。

对于这种类型的个股，我总结了以下实盘操作经验，仅供大家参考使用。

（1）在出现快速拉升之前，目标个股在前期下跌的过程中最好有缩量的过程，即股价在止跌之前出现了一段时间的缩量下跌。尤其是在此之前经历了一波触底回升的行情后再现回落的个股，在再次回落的过程中须有一个明显缩量的过程，且不能有明显的护盘动作（买盘上不能呈现出频繁挂大单的现象）。

这个阶段成交量的萎缩预示着盘中的下跌能量并不是很充足，即股价经过一段时间的下跌之后，或在触底回升后的再次回落过程中，下跌能量被逐步释放出来，至少也标志着下跌能量会暂时消失。这就有利于随后出现的快速反弹，在这种情况下即便只是出现技术性反弹，反弹的力度也会相对较强，反弹所持续的时间也会更加长一些。

面对这种类型的个股，短线投资者在看盘的过程中，要注意股价下跌途中成交量的变化，从成交量的变化上可以观察卖方的现状，进而确定随后出现的突发性快速拉升是否具备短线操作的机会。

（2）股价在出现快速拉升之前，最好先有较为充分的筑底动作，这种筑底可以是以横盘的形式完成的，也可以是以箱体震荡形式完成的。筑底的时间越长越好，在筑底的过程中成交量越萎缩越好。在一般情况下，股价经历了筑底之后出现的快速拉升动力要强劲一点，即出现快速拉升的幅度要相对大一点。当然，也有些个股在触底之后会立刻出现快速拉升，而这种类型的快速拉升往往都是经过了长期的超跌，并且在快速拉升之前成交量出现了一段时间的极度萎缩。短线投资者遇到这种快速拉升的个股时，在跟盘分析的过程中应该注意股价快速拉升前的筑底动作。

（3）股价在快速拉升的过程中，要注意它所面临的重要技术压力位置，如半年线或年线上的阻力位，即要重点关注股价快速拉升到半年线或者是年线附近时，盘中做多能量的变化情况。

如果股价运行到重要的技术压力位置附近时出现了滞涨现象，而且在接下来的一两个交易日里无法继续延续前期的强势，那此时短线投资者就要谨慎对待了，如果这个时候股价短期的上涨幅度已经达到了一定的程度，那就要及时获利了结。反之，如果股价在重要技术压力位置附近出现了滞涨现象，但是在接下来的一两个交易日里能够延续前期的强势，那持有该股的短线投资者可以继续持股，但要密切关注后期的盘面动态，一旦在后市股价再次出现了滞涨现象，那就要考虑获利了结。

如图 2-10 所示的福田汽车（600166），该股于 2020 年 6 月初在触底反弹，遇到半年线上的阻力后，盘中出现高开低走的大阴线，随后再次回落探底。对于这种直接探底回升且冲击重要的技术压力位受阻的个股而言，短线投资者在操作的过程中需要注意节奏，不宜过度的恋战。

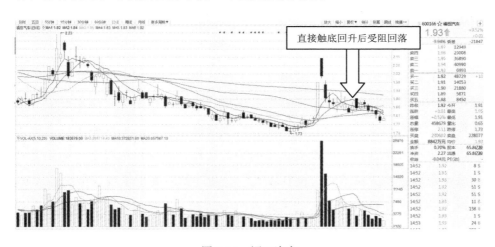

图 2-10　福田汽车

（4）有些个股在低位区域中出现反弹时，往往不是以快速拉升出现的，而是以较为稳健的形式向上攀升。短线投资者对于这种形式的攀升也应密切关注，如果接下来出现加速拉升的动作则可适当参与，但前提是当时的大盘也出现了止跌的迹象，同时个股在反弹的过程中主动性卖单比较稀少。

如图 2-11 所示的山东路桥（000498），该股于 2020 年 2 月呈现出逐步回升的走势，在回升的过程中以小阴小阳叠加十字线的形式向上试探填补缺口，而后以涨停的形式冲击半年线的阻力，并走出一波强势的上攻行情。

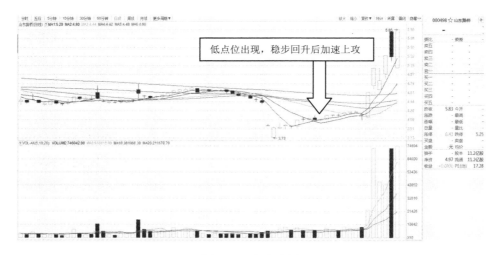

图 2-11　山东路桥

对于这种类型的个股，关键是要关注逐步回升过程中的盘面迹象，如果在逐步回升的过程中股价能够顶着压单（卖盘上挂出大单压制股价）向上攀升，且用很少的成交量就能让股价慢慢向上攀升，同时整个过程中买盘上很少有大单挂出，即没有明显的护盘动作。在这种情况下，如果当时的股价距离重要的技术压力位有较大的空间，如距离半年线或年线有 10% 或以上的空间，投资者应密切关注盘面的动态，一旦出现向上加速拉升就可以适当参与。

⊕ 三、看挂单

在短线操作的过程中，最关键的是要选择那些有主力资金注入的个股，而且要判断当时主力的做盘意图。这就要求投资者要通过盘面上的各种迹象来分析，除了上面我们讲到的看盘技巧外，我们还可通过观察动态盘上的挂单现象来分析主力做盘的意图。

1. 下托单

这种挂单现象是经常出现的，对于短线投资者来说，这种挂单是最值得关注的，当然，关注不等同于可以操作。我们在看盘的过程中，经常会看到买盘上出现大手笔的买单，而且往往是在多个价位上挂出大买单，这种挂单行为被我们称为"下托单"，即股价在这些大买单的依托之下，难以继续下跌。

如图 1-12 所示的太龙药业（600222），该股在运行的过程中出现了下托单的挂单现象，在买一和买三处挂出了上千手的大买单，正是这些大买单封住了股价在震荡过程中的下跌空间。

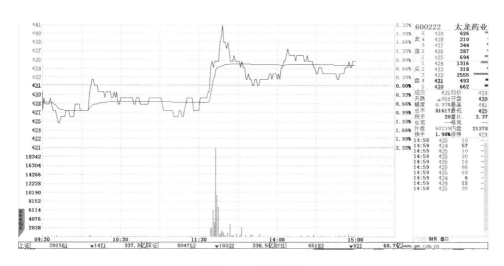

图 2-12 太龙药业

在实战过程中看到这种下托单的现象时，要确认当时股价所处的位置，这一点对于判断挂单意图尤其重要。

（1）洗盘后的蓄势。 如果在股价经历了长期的并且是大幅度的下跌之后，在低位区域出现了这种挂下托单的现象，而且当时的股价是在低位横盘的格局，或者是在低位震荡的格局，整个过程中的成交量都呈现出萎缩的状态。

这种情况预示着主力在蓄势，即主力在建仓之后经过一段时间的洗盘，并没有立刻使股价进入拉升阶段，而是通过挂下托单的手段继续蓄势待发。

挂出下托单的目的就是为了进一步清洗盘中的浮动筹码，同时又不让股价出现恐慌性的杀跌。但这并不意味着股价很快会走出一波上涨的行情，有些主力会让股价处于长时期的蓄势状态，等待大势明朗或者是板块效应出现。对于短线投资者而言，遇到这种类型的个股时需要有足够的耐心，在股价没有进入真正意义上的启动之前先以观望为主，等待股价进入启动通道之后再入场也不迟。

（2）上涨中的洗盘。 有些个股在进入明显的上升通道运行且当时的上涨幅度并不是很大时，也会出现挂下托单的现象。出现下托单后，股价往往会在较长的一段时间里维持滞涨的走势，即股价维持在一定幅度范围内震荡，处于上下两难的格局。这是主力洗盘的动作，而且这类主力的资金并不是很雄厚，其担心在洗盘的过程中股价出现下挫，从而采用这种封杀下跌空间的手段。

遇到这种类型的个股时，短线投资者可以重点关注，虽然这类个股属于弱庄股，但后市股价再次出现启动的话，在短期内也会创造较大的上涨空间。但需要注意的是，在股价没有启动之前不能急于入场参与操作，以防股价经历一段时间的滞涨后选择向下破位。另外，投资者在买进之后同样是要时刻关注盘中的动态，一旦股价在后续上涨的过程中失去了上涨动力，就要果断清仓出局。

（3）诱多的手段。 当个股经历了一波长期的上涨进入高位区域运行时，或者是在短期内出现了快速的拉升，进入了阶段性高位运行时，出现挂下托单的现象后，投资者要高度谨慎对待。

这往往是主力诱多的手段，通过这种挂单手法来吸引场外资金注入，从而实现出货的目的。对于一般的散户而言，当看见买盘上出现了大手笔的买单时，自然会认为是买盘积极的信号，再加上当时的股价又是处于涨势中。在这种情况下出现的下托单，是最容易让散户上当的。

在短线操作的过程中，投资者看见股价处于高位区域运行时出现了挂下托单的现象，就应该高度谨慎，此时要考虑风险的问题，一旦股价缺乏上涨动力的话就要立刻清仓出局。

2．上压单

上压单也是短线投资者在看盘的过程中要注意的看点，所谓的上压单就是指股价在运行的过程中，突然在某一段时间里卖盘上频繁地挂出大手笔的单子，而买盘上几乎不会挂出大单的现象。

如图 2-13 所示的招商银行（600036），该股在运行的过程中出现了上压单的现象，即在卖盘上连续挂出了上千手的大单。从图中的走势迹象可以看到，股价在整天运行的过程中波动幅度都是很有限的，按照常理来说，卖盘上出现了大手笔的卖单时应该会引发大量的抛压才对的，这样一来股价理应会出现较大幅度的下跌。

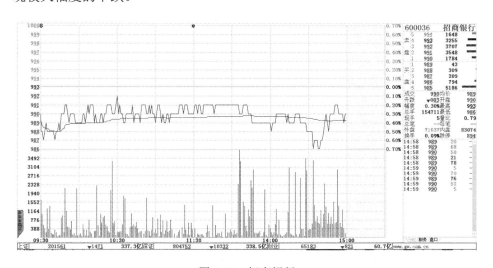

图 2-13　招商银行

如果我们按照这个思路去思考的话，就不难得出一个结论，那就是该股的持股者心态较为稳定。除了这一点以外，投资者应该继续思考股价在运行的过程中，出现了这种上压单时体现了主力哪种做盘意图呢？

（1）无成本的洗盘。 出现上压单的现象往往在股价处于长期下跌的低位区域以及上涨中途较多，而且出现上压单的过程中也往往伴随着成交量的萎缩。在股价处于这两种阶段出现的上压单一般都是主力洗盘的动作，对于那些持股信心不是很坚定的投资者而言，当看到卖盘上出现了大量的卖单时，就会在恐慌之下将手中的筹码抛售出去。

主力采用这种手法来洗盘时，基本上不用付出太多成本，是一举两得的事情。但这并不意味着出现上压单时股价就会立刻迎来上涨的行情，这一点是短线投资者必须要明白的。主力只有经过洗盘后发现盘中的抛压很少后，才会启动一波上涨行情。遇到这种现象时，投资者最好以观望为主，在股价没有启动行情之前不要急于操作，这是针对这类个股的最好的操作策略。

（2）拉升前的测试。 有些个股在低位区域盘整一段时间后，在卖盘上也会出现挂上压单的现象，而且是在卖盘上的多个价位上挂出大手笔的卖单，但买盘上挂出来的却是一些零散的小单，同时股价依旧处于窄幅度震荡的格局运行。在这种情况下出现的上压单，往往就是主力进入拉升前的一种测试动作，通过这种方式检验盘中抛压的程度。一旦在挂出上压单后的一段时间里，股价依旧能够维持窄幅度震荡的格局，即盘中很少有主动性的抛压，那主力随时都会启动向上拉升的行情。

对于这种类型的个股，短线投资者的操作策略同样是先观望，在股价没有启动之前不要急于入场，等待股价启动后再入场也不迟，以防主力随后选择先打压股价而导致股价出现回落的走势。

（3）建仓中的压价。 当股价处于下跌通道运行时，股价已经经历长期的下跌，并且下跌幅度也达到了 50%以上，在这种情况下也往往会出现挂上压单的现象。此时出现的上压单一般预示着有主力在对该股建仓，主力挂出上压单的目的是想进一步的压低股价。主力采取这种形式来建仓可以收集到较为廉价的筹码，同时也能降低建仓成本。

短线投资者在看盘的过程中发现这种类型的个股时，需要做的就是耐心追踪盘面的后期走势，而不是在这个时候冲动地参与。虽然可以通过这种盘面迹象来确定有主力对其建仓，但主力建仓所需要的时间，以及何时才能进入真正意义上的拉升行情还是未知的。主力需要根据自身所收集的筹码，以及当时大势的环境来决定何时使股价进入拉升通道。

对于短线投资者而言，在股价没有出现启动之前观望就是最好的策略，行情启动之前一般都会有一个筑底的过程，而且在筑底的过程中成交量会呈现出萎缩的状态。我们在跟盘的过程中，可以仔细观察这些盘面特征。

3. 买卖盘均挂大单

前面我们分析了股价在运行的过程中，卖盘上或者是买盘上出现了大单的现象，在很多时候往往买卖盘上会同时挂出大手笔的单子，这种挂单现象又有什么市场意义呢？

如图 2-14 所示的东风汽车（600006），该股当时在运行的过程中出现了这种挂单现象，在买卖盘上都出现了上千手的单子，股价在全天的运行过程中一直都维持窄幅度的波动。从股价的波动上可以发现在大手笔买卖单的"挟持"之下，股价处于上下两难的格局。这种格局往往有刻意"控制"的成分，换言之是事先策划好的。而这种策划肯定不是散户行为，散户不具备这种实力。

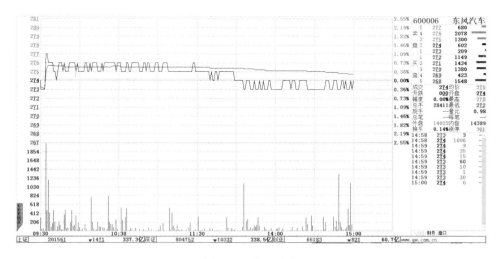

图 2-14 东风汽车

如果股价在运行的过程中，连续几天都出现了这种挂单现象的话，那往往是有主力在活动，至于主力的做盘目的是什么，那就要根据当时股价运行的具体情况去分析了。

（1）蓄势酝酿。 若股价脱离底部区域后，进入明显的上升通道运行时出现了这种挂单现象，那往往预示着主力在蓄势待发，即主力在酝酿着启动一波上涨行情。主力在买卖盘上都挂出大手笔的单子，其真正的目的就是想通过"夹板式"的洗盘方法将盘中的浮动筹码清理干净，为接下来的拉升做准备。

当股价进入启动行情的阶段时，原本挂出来的大卖单要么被向上对倒掉，要么直接被撤掉，随后股价呈现出强势上涨的势头。出现这种盘面迹象时，短线投资者可以试探性地入场参与，待确认走稳之后再考虑加仓。但在股价没有进入真正启动的阶段之前，短线投资者不应急于入场，买卖盘都挂大单的现象往往会持续较长的一段时间，一旦短线投资者过早入场就会被迫成为中长线操作了。

（2）高位出货。 当股价运行到长期上涨的高位区域时，如果盘中出现了买卖盘都挂大单的现象，那往往预示着主力在逐步地出货这种动作是很多狡猾的主力在出货过程中常用的手段，而且这种手段的"杀伤力"极高。

对于一般的散户而言，当看到这种挂单现象后自然会觉得是主力在洗盘，却忽视了当时股价所处的位置。如果投资者仔细观察这种情况下的盘面动态的话，就不难在这个过程中发现成交是较为密集的。这种密集来自于主力释放的抛压，这种抛压基本上都以小单的形式出现，而且主力会控制好节奏，不让成交量在短时间内放大。

短线投资者遇到目标个股在高位区域出现这种挂单现象时，要密切关注盘面动态，一旦盘中出现了持续的主动性卖单，那基本上可以确定是主力在出货，此时要做的就是果断清仓出局。

（3）选择方向。 股价运行到重要的技术压力位置附近时，如60日均线附近、半年线或年线附近时，也会出现这种挂单现象，而且当时的股价会维持一段时间的横盘整理。

在这种位置出现了买卖盘都挂出大单的现象时，预示着股价处于选择方向的过程中，这种选择也有主力洗盘的成分在里面。在面临技术压力位置的阻力压制下，主力借助这种机会进行洗盘，同时又不想让盘中出现恐慌的现象。因此，主力会采用在买卖盘上挂出大手笔的单子，唯独预留出买一、卖一的价位挂一些小单。当然，有些主力也会在买一、买二以及卖一、卖二上预留空间挂一些小单。无论预留出哪个价位，其目的都是为了测试当时盘中的抛压情况以及场外资金的进场情况。

短线投资者遇到这种类型的个股时，不能急于参与操作，既然是在选择方向，那后市股价向上和向下运行都是有可能的。一旦主力测试出上档的压力比较大，同时盘中的抛压也比较沉重的话，那就会选择先洗盘。这时股价就会选择向下运行的方向，至少不会向上形成突破。

面对这种类型的个股时，短线投资者应先以观望为主，等待股价向上突破了技术压力位后再入场参与，在此之前莫要急于入场，即便要参与也是以轻仓的形式试探性入场。

四、看连续性的单向大买单

前面我们分析了各种常见的、在主力干涉下出现的挂单现象。除此之外，短线投资者在看盘的过程中还应注意盘中的买单现象，这里所说的买单并非指正常的买单，而是那些在主力故意干涉下的买单。而连续性的单向大买单就是常见的主力干涉下的买单，即在一段时间内盘面出现了频繁的大单买进的动作。这里所说的连续性并不是指一定要连续买进，只要是频繁买进就可以认定其为连续性。

这种连续性的单向大买单一般都不是散户所为，而大户也不会采用这种形式来买进。市场上出现的大买单数量往往以整数居多，但也可能是零数，但不管怎样都说明有大量资金在活动。比如投资者在看盘的过程中，往往会看到几百甚至是上千手的大买单。

善于总结的投资者应该能发现，这种单向的大买单往往是在股价出现一段时间的低迷走势，或者是在当天的走势中相对低迷的情况下才会出现。而且当时的成交量整体上会呈现出萎缩的状态，至少不会出现明显的放大。从这种单向大买单现象的形成过程来看，这预示着目标个股是有主力在里面活动的，而其真正目的还要看当时的股价所处的阶段，在不同阶段有不同的市场意义。

如图 2-15 所示的永鼎股份（600105），该股在尾市收盘之前半小时出现了尾市拉升的动作，这就是单向大买单助推下的拉升。从当天的分时图上我们可以看到，股价的快速拉升是被盘中出现的大手笔买单拉上去的，而在这之前的走势过程中，股价在当天大部分的时间里都表现低迷。我们可以看到此时出现的单向大买单是有备而来的，而这种准备只有主力才能做到。

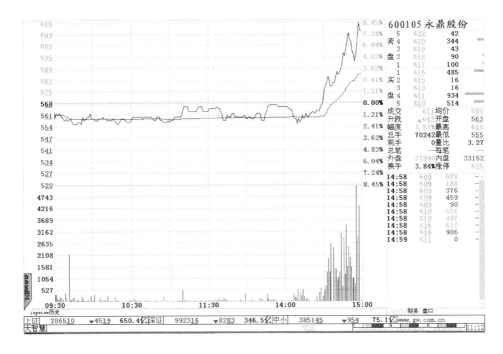

图 2-15　永鼎股份

短线投资者看见这种单向大买单吃进，而促使股价出现快速拉升的个股时，可以从以下几个角度去分析它的市场意义。

1．蓄势后的测试

当股价经历了一波长期的下跌，下跌的幅度也相当大，并且在低位经历了一段时间的筑底，同时在筑底的过程中，成交量呈现出明显的萎缩。在这种情况下，突然出现了单向大买单吃进，而促使股价出现快速的拉升。这种买进往往是主力建仓之后测试盘面的动作，其主要目的是为了测试自己的持仓程度。

如果在大单吃进后股价被拉升到一定程度，且盘中的抛压较为稀少，那往往预示着主力已经达到了一定程度的控盘，此时只要场外资金进入较为积极，主力往往就会启动一轮上涨行情。反之，如果股价出现快速拉升后，很快就引发了盘中的抛压，则往往预示着盘中的浮动筹码较多，说明主力还未达到控盘的程度，此时主力就会继续收集筹码，一般都不会启动向上拉升的行情。

对于大部分投资者而言，较难判断的或许就是主力在测试的过程中，如何去判断是否会继续向上拉升，这是关系到投资者选择操作方向的问题。至于如何去分析判断，我总结了以下经验，仅供大家参考。

（1）早盘大单吃进。若主力在早盘采用单向大买单来拉升股价，此时的大买单往往是对倒的单子，当股价迅速拉升到一定价位之后，很快就受到阻力而回落，有些会直接回落，而有些会呈现出震荡式的回落。无论是哪种形式的回落，只要在回落或震荡的过程中，成交量没有呈现出萎缩的状态，同时盘中出现的卖单基本上都是主动性的抛售，即不是向下的对倒单，往往预示着盘中的抛压较为严重。

在这种情况下，主力一般不会立刻启动继续拉升的行情。此时，投资者能做的就是耐心等待，等待经过整理后再次启动时入场参与。当然，若股价在早盘出现大单吃进且冲高到一定程度后，进入了窄幅度的震荡阶段，而没有出现大幅的回落，同时在震荡的过程中很少有主动性卖单出现，预示着当时盘中的浮动筹码比较少。但是，短线投资者也不能急于在当天入场买进，应该耐心继续观望第二天的动态，如果第二天开盘后股价继续冲高，同样不能急于入场，应该等到股价冲高后确认能平稳走强再入场买进。

这种早盘冲高的个股最容易让投资者失去理智，一旦买进后股价没有出现预期的上涨，反而进入整理的阶段运行，绝大部分的投资者都会在恐慌之下将所持筹码抛售。

（2）午后的大单吃进。 大部分有主力入驻的个股往往会在午后，有的甚至会在收盘前的几分钟出现大买单的形式来拉升股价。面对这种类型的个股，投资者首先要观察在出现这种拉升之前，股价是否在分时图上出现了一段时间的窄幅度震荡，而且成交量也呈现出极度的萎缩。

如果出现了这种走势现象，则预示着主力已经达到了一定的控盘程度，否则将难以出现窄幅度的震荡，而且成交量也无法呈现出萎缩的状态。但需要注意的是，这并不意味着主力就一定会立刻启动行情，有些主力在大单吃进后依旧会让股价处于整理状态下运行。这种情况，相信很多投资者都遇到过。

对于短线投资者而言，遇到这种类型的个股时不能冲动地在当天买进，需要观望第二天股价的运行动态，只有在股价真正进入稳定的拉升通道运行时，短线投资者才能出击。

2. 整理后的试探启动

股价进入明显的上升通道运行时，在上升的过程中一般都会出现整理的动作，大多会以窄幅度震荡的形式来整理。股价通过一段时间的整理后，主力也往往会采用大单吃进的手法来测试整理之后是否已将盘中的浮动筹码清洗干净。

对于这种类型的个股，投资者只要冷静观察股价第二天的走势是否能平稳攀升，如果股价在第二天的运行中依旧能维持平稳的走势，那短线投资者就可以考虑入场参与。反之，如果在第二天股价无法平稳向上运行的话，那短线投资者就要耐心等待，等待股价出现了真正意义上的再次启动后再入场参与操作。

3. 出逃前的诱惑

这种诱惑往往会让投资者深陷其中，股价进入高位区域运行后，往往也会出现一段时间的整理，经过整理之后往往会出现大单吃进的现象。但这种情况下的单向大买单一般都是行情走到尽头的表现，虽然当时股价的快速拉升很诱人，但是这种诱人的动作往往会给投资者带来灾难。短线投资者一定要避开这种类型的个股，虽然股价或许会在一两天内出现快速的拉升，但是这种拉升是很难把握的。

五、看突发性的扫盘

股价在上涨过程中经常有大单从天而降，将挂在卖盘上的挂单一一吞噬，这种现象被我们称为"扫盘"。从这种行为的表面上来看，买方的意志是很坚定的，给人一种要疯狂拉升的感觉。但是这种扫盘行为能否给后市股价带来动力，不能仅凭借这个单一的动作下结论。

遇到这种类型的个股时，短线投资者要把关注的重点放在扫盘之后的盘面动态上，如果扫盘之后股价能够继续走强，而且盘中的主动性买单很积极，同时主动性卖单又很稀少的话，那后市股价就有望出现持续上涨的行情，此时就可以入场参与操作。当然，前提是当时的股价没有被大幅度炒高，股价所处的点位越低越好。反之，如果在扫盘之后股价并不能借此机会继续拉升，盘中主动性的抛压也出现了明显的增多，在这种情况下投资者就不能盲目入场买进，即便当时的股价是处于低位区域运行也要先以观望为主，后市股价往往会进入整理的阶段运行。

六、看下跌后的大单

这里所说的大单是指在买盘上挂出来的大手笔的买单，即股价在经过一轮下跌行情之后，往往会在买盘上挂出大手笔的买单，当时股价会因此而出现止跌现象，至少下跌的速度会减缓。某只个股经过连续下跌之后，在其买一、买二、买三处常见大手笔买单挂出，这些一般都是护盘动作，但这并不意味着该股后市就一定会迎来止跌上涨的行情。

很多经验不足的短线投资者往往会上这种当，他们会认为主力出来护盘了，后市股价很快就会出现上涨的行情，这是认知的误区。暂且不说这种挂单现象是不是主力护盘的动作，即便主力出来护盘了，也可能是主力在继续建仓，后市股价是难以在短期内上涨的。

值得注意的是，主力在被套的情况下也会采用这种手法来护盘，以此来引诱投资者入场接盘，这样有利于主力止损出逃。当然，有些主力被套后也会再次补仓，这个时候往往也会出现这种挂单现象。当短线投资者看到这种类型的个股时，应该密切关注它的后期动态。一旦后市股价在低位进行了充分的筑底后，启动一轮上涨行情时，短线投资者就可以抓住这个机会。

温 馨 提 示

做短线关键是要多看少动，在操作之前要充分地观察目标个股的盘面动态，确认有主力入驻之后，并且有主力拉升的迹象时才能做出入场的决策。大部分短线投资者失手在盲目买入上，在做出决策之前并没有花精力去发现主力的迹象，只是凭借着自己的感觉操作，这种操作是很可怕的。

每一次入场都要给自己充分的理由，这些理由并不是我们从哪里听来的小道消息，而是我们通过目标个股以及大盘的走势动态解读出来的，是结合当时的经济环境思考所得出来的投资逻辑。

第三章 短线投资规划

无论是中长线投资，还是短线投资都要有周密的投资规划。投资规划是为了更好、更准确地把握市场的走向。短线投资不是随意操作，不能看到哪只个股出现了上涨就盲目买进。懂规划的短线投资者才是真正意义上的投资者，短线投资其实也是一门艺术，对自己的投资进行规划是通往获胜之路必不可少的途径。

但在残酷的市场中，能做到事先有规划，交易完成后有总结的投资者并不多。大部分投资者在投资的过程中都是"随心所欲"或"听风是雨"，但是到头来依旧成了市场中的"贡献者"。

在本章中，我们就来讲解，对于短线投资者而言，在实战过程中应如何规划投资行为。

一、合理预期不随性

在这个残酷而又充满机遇的市场中，无论是刚入市的新手还是久经沙场的老手往往都会输给自己的心理预期。从某种角度来讲，并不是投资者把握不了市场，而是把握不了自己的心理预期。

对于短线投资者而言，能否规划好自己的心理预期将会直接影响操作过程。这里所说的心理预期是指在每次操作之前，对本次操作盈利的预期点位以及亏损的承受点位的预测。在短线投资的过程中，对自己的心理预期进行系统规划可以有效防止操作上的盲目性，以及遏制心态上的贪婪和恐慌。

短线投资者可以从以下几个角度合理规划心理预期。

1. 重视压力风险

短线投资的关键在于尽量回避一切可能出现的回落调整，投资者在每次入场前必须对股价在运行过程中可能受阻的点位进行预测，并规划出自己的应对策略。股价在运行的过程中会受到各种技术压力位置的阻力，对于一些重要的技术压力位置，如 30 日均线、60 日均线、半年线或年线上的压力是要特别注意的。

有了事先的投资规划，在买进之后就会有目的地跟踪，而且会时刻提醒自己前面会存在阻力。在这种情况下，一旦股价在运行到这个压力位置附近时，或者是在运行的中途出现任何的滞涨现象时，自己首先会想到风险的存在。

如图 3-1 所示的览海医疗（600896），该股在经过一波长期的下跌行情之后，迎来了技术性的反弹，而且这种反弹的力度也较为强劲。那在该股的操作中就要注意投资前的规划了，否则很容易让自己白忙一场。

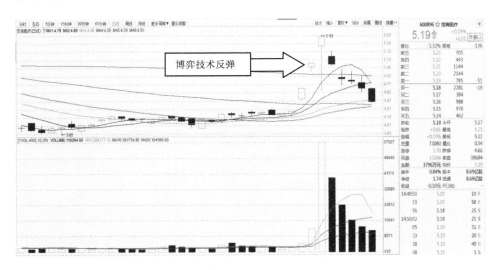

图 3-1　览海医疗

虽然该股出现了一波较为强劲的反弹，但是如果投资者没有把握好反弹的节奏，即没有规划好自己的盈利预期的话，那就很容易导致到手的利润最终又返给市场。对于该股而言，最明显的压力位置就是半年线，在这个位置附近会有一定的压力，当时股价是处于明显的下跌通道运行的，股价并没有摆脱整体处于弱势的状态。在这种情况下，短线投资者在操作之前完全有理由，也有必要对自己的操作想出一个风险防范以及止赢的对策。

从图 3-2 中我们可以看到，股价经过快速的技术反弹后，运行到半年线附近时便受到了阻力而回落，并引发了一波快速且是大幅度的下跌行情。如果当时投资者没有在半年线附近及时获利了结，那前面收获的利润可能就要全部还给市场了。

图 3-2　览海医疗

短线投资者在操作这种类型的个股之前，必须充分考虑重要技术压力位置上的阻力，并理性地规划自己的心理预期，在股价运行到压力位置附近受阻后不要一味放大自己的盈利预期，这样的话就能在股价遇到阻力的时候第一时间获利出局。

我们可以从以下几个角度来观察股价运行到重要的技术压力位置时的动

态，并从这些动态迹象上来判断股价是否受到了阻力。

（1）动力不足，遇阻难免。 如果股价运行到重要的技术压力位置附近时，主动性买单与之前一段时间相比出现了明显的减弱，而且股价每天的上涨幅度也出现了明显的收窄。那么至少预示着股价的上涨动力不足，一旦股价在接下来的交易日中出现走弱的话，短线投资者就应该先获利了结。

（2）压力沉重，多看勿动。 如果股价运行到重要的技术压力位置附近时，盘中不断有主动性卖单涌现，从而导致在这个过程中成交量出现明显的放大，股价也时常出现回落或者是不断下挫的走势。在这种情况下，基本上可以确定这个压力位置附近存在着较大的压力，对于短线投资者而言，此时就应该果断获利离场。

（3）故意压制，短期休整。 如果股价运行到重要的技术压力位置附近时，卖盘上不断地挂出大手笔的卖单，并且盘中一度出现了恐慌，即主动性卖单出现了明显的增加。出现这种迹象时，预示着后市股价进入调整的可能性极大，虽然卖盘上的大卖单可能是主力故意挂在上面的，但是由于这个位置的浮动筹码比较多。在这种情况下，随后股价很可能出现一波整理走势。此刻短线投资者应该先获利了结，往往这种调整的幅度是比较大的，而且时间也是比较长的。

对于博弈股价冲击重要技术压力的操作，在心理预期的规划及其运行场景的假设上，可以考虑以下几个方向。

第一个规划： 在操作之前，投资者首先要考虑的是股价当天出现的上冲有没有试探性的嫌疑。如果考虑到了这一层面，那至少不会在当天入场的时候重仓操作，也会试探性地对其建仓。这是仓位管理的规划，也是一种心理预期的规划，即不会简单认为后市股价一定能够上涨并带来丰厚的收益。

第二个规划： 对股价运行过程中的受阻情况进行规划。既然做短线是为了获得股价上冲半年线过程中的利润，那就要考虑股价在上冲的过程中，是否会按照自己的意愿畅通地运行下去。如果没有按照自己的预期顺利地运行，那在操作时就要做出相应的止赢或者止损行为。

　　第三个规划：判断准确性上的规划。如果前面的窄幅度震荡并非是主力的蓄势行为，而仅仅是股价在下跌的过程中由于买卖双方僵持而导致的结果，即自己的判断出现了失误。这是成熟的短线投资者在做短线之前必须要思考的一个问题，一旦出现错误的判断后就要及时止损。

2. 超跌反弹下的把控

　　股价在经历长期的大幅度的下跌之后，或是短期内走出了一波快速下跌的行情后，往往会迎来纯技术性反弹，这种反弹被我们称为"超跌反弹"，即这种反弹是对技术指标的一种修复。

　　对于短线投资者而言，在操作这种类型的个股之前应做足功课，这种短线操作的风险是相对较高的。这种反弹有的是被恶性炒作过，股价的反弹往往是快速而短暂的，这就要求短线投资者有较强的把控能力，并规划好自己的盈利预期。

　　当然也有些反弹是缓慢的，而且整体的反弹幅度也不会很大，同时在遇到30日均线或者是其他的重要技术压力位置时就会出现继续下跌，短线投资者同样要做好心理预期。

　　短线投资者在遇到超跌反弹的行情时，如果这种反弹是在没有任何铺垫的情况下出现的，即在这之前没有经过充分的整理筑底，盘中也没有故意打压股价的动作出现，并且在反弹的过程中股价的上涨是迅速的。这种情况下出现的反弹往往就是纯技术性的反弹，而且不排除是受到了恶意炒作，这种反弹一般来得快，去得也快。

　　短线投资者要时刻绷紧止赢的"弦"，在股价出现滞涨的时候不能有丝毫的贪婪。在心理预期上应该做到看见股价出现反弹无力就果断获利了结，不要对后市抱有过多的期望，此时保住盈利才是首要问题。

　　这种快速的纯技术性反弹在盘面上往往会留下以下迹象。

　　（1）恐慌之后的缩量。对于超跌的技术性反弹个股，在出现反弹之前，股价一般都会走出一波快速下挫的行情，且在快速下挫的过程中，成交量会出现萎缩。一般情况下，在快速下挫阶段的成交量会出现放大，而后再呈现出萎缩的状态。

（2）少有压制性动作。 股价在快速下挫以及反弹的过程中（尤其是在下挫之后的缩量阶段），盘面上几乎不会出现压制性动作，即很少有大卖单挂出。换言之，股价的快速下挫并非是受到主力的刻意打压或刻意压制所导致的，而是由场内本能的下跌能量促使的。

如果是主力建仓之后的刻意性下挫，那在股价下挫的过程中，卖盘上会较为频繁地挂出大手笔的单子，以此来给盘面制造恐慌。有些主力也会频繁地采用向下对倒的手法来打压股价，促使股价在分时图上呈现出直线式的下挫。而在随后的缩量阶段，卖盘上往往也会较为频繁地出现挂大单的动作。

如果股价从快速下挫到快速反弹的过程中，盘中都很少出现压制性的动作。在这种情况下，当反弹出现滞涨现象时，预期上是不宜继续"膨胀"的。

（3）一路托着反弹。 有些个股在经历一波下跌行情之后，会出现加速下跌，但在加速下跌的过程中，盘面上难以看到打压的动作或压制的动作。但在随后的企稳反弹过程中却一路都有护盘动作出现，即买盘上会挂出大买单来托盘，而卖盘上几乎无相对的大笔单子挂出。

对于这种类型的个股而言，一旦持续性反弹之后出现了明显的滞涨，尤其是在滞涨的过程中时常涌现出护盘动作。在这种情况下，投资者不宜提高预期，而应以风险防范为主。

在反弹之前的快速下跌的过程中，盘中无明显压制动作或打压动作出现，很有可能是之前的主力被套之后出现的诱多反弹。换言之，买盘上频繁挂出来的大单，很有可能是被套的主力刻意挂上去的，即通过这种手法来吸引场外资金入场接盘。

3. 高位博加速拉升适可而止

当股价经过一波上涨行情，进入高位区域运行时往往会出现一波加速拉升的行情，在这种情况下，短线投资者如果能够把握好其中的机会，那在短期内是能迅速获利的，而且往往会获取较为丰厚的利润。但是，如果没有把握好其中的节奏，那也很有可能会被深套其中，因为这种类型的个股在高位区域出现加速拉升时是来得快，去得也快。

短线投资者在操作这类个股的过程中，就更要注意心理预期的规划。很多新手在高位看到股价出现加速拉升时，根本不会去思考点位的问题，或者是在短期暴利的诱惑之下已经忽视了风险，从而导致其不断地提高心理预期，总希望股价一直涨。

对于短线投资者而言，在实战过程中遇到这种类型的个股时，首先要想到该股的收益与风险是并存的，入场后必须时刻提醒自己要控制好心态，不能过度贪婪，要懂得适可而止。在仓位的控制上，新手千万不要重仓操作，以免在操作失手后损失过大。

对于这种类型的个股，我们可以通过以下迹象来观察判断它是否是高位区域中见顶之前的诱多性加速拉升。

（1）对倒之下的加速拉升。 如果股价在加速拉升的过程中，盘中不断出现向上对倒的现象，即股价的拉升主要是被这些向上对倒的单子拉升上去的，并非是由于盘中出现了大量的主动性买单而导致的。在这种情况下，短线投资者需要时刻谨慎，这往往是主力在故意拉高出货。当然，虽然这个时候是主力在出货，但是主力会采用诱多的手法将股价拉高后再出货，或者在拉高的过程中慢慢出货。对于短线投资者而言，这也是一次交易机会，但前提是必须把握好其中的节奏。

（2）护盘之下的加速拉升。 如果股价在加速拉升的过程中，盘中不断有大手笔的买单挂在买盘上，比如在买二或者是买三上，甚至在买一上挂出大手笔的买单，而在卖盘上却几乎没有大卖单出现，但是挂在买盘处的大买单都不会被成交，而是每当股价被拉高几个价位后，这些大买单就会被撤掉并继续调高几个价位重新挂出。出现这些盘面迹象时，基本上可以确定这种加速拉升是主力在诱多出货。

主力在高位采用加速拉升的手法出货时，当股价被拉升到一定程度后，要么采用直接砸盘的形式来抛售筹码，即不顾一切地向外抛售自己的筹码，这个时候股价就会出现明显的下跌，而且是持续性下跌。此时投资者就应该果断清仓出局，不要再对后市抱有幻想了。

有些"狡猾"的主力把股价拉高到一定程度之后，会隐蔽地出货，即逐步用小单卖出的形式出货，而且依旧会在买盘上挂出大手笔的买单，一般都是挂在买一或者买二处。如果是挂在买一处，就会有一个明显的特征，那就是会频繁地撤掉然后又重新挂上去。

这样频繁地挂了又撤、撤了又挂的主要目的是为了将散户挂在买一的单子往前排，因为两市中成交的原则是在同一个价位时按照时间顺序来成交的，即先挂出来的先成交，主力这样做就可以让自己挂出来的买单不会被成交，同时又起到了挂大买单吸引投资者眼球的效果。如果在加速拉升的过程中出现了这种盘面迹象，那投资者就应该及时获利了结，此时同样不能对后市抱有过多的幻想。

温 馨 提 示

心理预期是影响投资者心理的一个重要因素，不同的心理预期会带来不同的"下注"仓位，其风险防控程度也会随之不同。当我们的盘面掌控能力与心理预期不匹配时，最容易让投资陷于被动之中。

对于短线投资者而言，投的是阶段性的大概率行情，及其有较大把握的个股。不懂的不做，一旦在"陌生领域"的投资预期过高，很容易让自己陷于被动的局面。

二、操作模式的建立

想在股市中长期生存下去，就必须要建立属于自己的操作模式。对于短线投资者而言，如果没有形成自己的操作模式，那在操作过程中就容易走向盲目性以及从众性。

在短线投资的过程中形成了自己的操作模式，那对应的操作风格也就随之形成了，虽然股市上没有所谓的最好的盈利模式，但却可以找到最适合自己的盈利模式。短线投资最关键的就是要提高操作的成功率，这就要求投资者要找到一个适合自己的操作模式，即自己熟练而且有较大把握的操作模式。

在短线操作模式的建立上，我总结了以下几点，仅供读者在实战过程中参考使用。

1．独立的思维

投资者在分析思考的过程中不能用从众思维去看问题，在股市中，大部分的投资者最终都是以亏损结束的，这是股票市场的一个特性。换言之，如果想在这个市场中生存下去，那投资者在思维方式上一定要有不同于大众股民的格局，这是一个最基本的条件。

有些时候，大势经历了一波长期的、大幅度的上涨行情之后，即便政策上出现了很多利空的消息，但是大盘就是不下跌。在这种情况下，可能"全民"都在炒股票，而且很多投资者看到在政策性利空的情况下大盘依旧强劲，就会更坚定地认为后市还会有一波上涨行情。

如果这个时候我们也这样简单地认同，而无任何的风险防控意识，甚至继续跟随大众去随意加仓，那将是难以胜出的。当然，并非在任何时刻都要与市场的大众观点相悖，但在大盘出现疯狂的拉升行情以及恐慌性的大跌行情之时，我们需要有独立于大众的思维去思考当下的市场格局。

在短线投资中，也需要用长期的眼光来看待短期的收益，不要过度追求交易的频率。求财是每个人都想的，但是求财心切是不可取的。

2．确定盈利模式

在短线投资的过程中，有些投资者喜欢频繁地交易，认为交易越频繁，赚钱的机会就越多。其实并不然，对于短线投资者而言，真正要考虑的并不是在一次交易中能赚多少，而是能赚多长时间的问题。这就要求投资者要规划出一个适合自己的操作模式，这种操作模式应具有较高的成功率。而对于那些没有把握的、自己不擅长的个股尽量少去交易，只做自己熟悉的领域。

例如，有人擅长投资冲击关键点位的个股，而有人则擅长反弹类型的个股，或是擅长加速拉升过程中的个股。确定了适合自己的操作模式后，投资者要做的就是严格遵守，即在出现自己不熟悉的个股时要耐得住寂寞，该出手时才出手。而对于自己不熟悉的走势，投资者在操作的过程中要严控仓位，用试探性的仓位去参与，待总结出实战经验之后，再提炼出此类型个股的投资模式。

3．建立分时博弈模式

分析个股在分时图上的迹象尤其重要，因为个股的短期走势是短线投资者必须要参考的一个技术指标，而分时图上的迹象往往会反映个股的短期走势方向，短线投资恰恰是要获取股价在某个较短的时间段里的波动差价。

我给大家介绍几种分时图上的操作模式，仅供大家在实战过程中参考使用。

（1）均线附近窄幅度波动。在分时图上时常会出现这种走势现象，往往是暗含操作机会的，即当某只个股不是处于高位区域运行时，在某一段持续的时间里股价在分时图上一直都维持着窄幅度的波动。

如图 3-3 所示的成都银行（601838），该股在分时图上呈现出窄幅度的震荡，而且在全天的运行过程中股价几乎都是处于当天的日均线附近来回波动的，最关键的是当天的成交量也相对低迷。

对于这种类型的个股，如果股价在连续的一段时间内在分时图上呈现出这种走势状态的话，那就值得短线投资者去跟踪。这种类型的个股往往会在经过一段时间的窄幅度震荡后，突然在某一天向上发动攻击，一旦启动，在短期内会有较好的表现，短线投资者如果能抓住这种机会，在短期内就能获取丰厚的收益。

图 3-3　成都银行

但并不是说只要出现这种走势的个股时都可以做短线，投资这种类型的个股是有条件的，我总结了以下迹象，仅供大家在实战过程中参考使用。

1）高位震荡，滞涨无望。股价在分时图上出现这种走势迹象时，投资者应该立刻查看它的日 K 线走势图，看看此时股价是否处于高位区域运行，即是否已经经历了一波幅度比较大的上涨行情。

如果当时股价是处于高位区域运行，那就要谨慎对待，不能盲目地做短线。股价处于高位中运行时，这就属于高位滞涨的现象，意味着盘中缺少继续做多的动力。当然，有些主力往往也会在高位出货的过程中故意让股价出现这种走势迹象，这个时候买盘上一般都会故意挂出大手笔的买单，让投资者感觉买盘积极，从而入场接盘。

短线投资者对这种类型的个股应谨慎对待，不排除后市股价会有一个冲高的动作，但是这种冲高往往在很短的时间内就会结束，如果投资者的实战经验并不丰富，那最好不要去碰它。

2）低位震荡，启动就上。如果股价在分时图上出现这种窄幅度的震荡时处于低位区域运行，即在这之前股价已经经历了一波大幅度的下跌行情，而且在低位区域日 K 线走势图上经过了一段时间的横盘整理或者是震荡整理。在这种情况下，短线投资者应该时刻关注股价的后期动态，一旦股价在某一天里启动就可以适当入场跟进，后市股价往往会在短期内走出一波较为强劲的走势行情。

对于在这种状态下出现的窄幅度震荡，在当时的运行过程中盘面上往往会出现以下迹象。

一是股价在运行的过程中在买卖盘上挂出来的单子都是一些零散的小单，而且在整个震荡的过程中，成交量都呈现出低迷的状态，即在整个过程中的交易很低迷。但是，当股价经过一段时间的窄幅震荡后，盘中的主动性买单就会逐渐增加，股价随后走出震荡的格局并开始向上启动行情，这个时候短线投资者就可以入场参与。

二是股价在窄幅度震荡的过程中，有时候会在卖盘上的某个价位挂出大手笔的卖单，一般会在卖三或者是在卖四上挂出大手笔的卖单，而买盘上挂出来的都是一些零散的小单。但是股价并没有因为卖盘上出现了大手笔的卖单而下跌，即盘中并没有出现恐慌的现象。而当股价经过一段时间的窄幅震荡后，原本在卖盘上挂出的大卖单自动消失，或被向上对倒，随后股价开始向上启动。

如果出现这种情况，短线投资者就可以适当入场参与操作。当然对于新手而言应该先轻仓操作，待启动行情确认后再逐步加仓。

3）中途震荡，获利有望。当股价脱离底部区域并进入明显的上涨通道运行，并在分时图上出现持续震荡的走势迹象时，短线投资者也应该关注。但前提是当时的大盘是处于明显的上升通道运行的，而且目标个股没有被大幅度炒作过。在这种情况下，短线投资者就应该时刻关注它的后期动态，一旦股价出现了向上启动的迹象就可以适当入场参与操作。

值得注意的是，在股价呈现出窄幅震荡的过程中，如果在买盘上频繁、单向地挂出大手笔大单来护盘的话，那在操作的过程中要以谨慎为主，随后股价往往会选择向下破位，走出一波下跌行情。

（2）尾盘操作模式。善于跟踪个股盘面动态的投资者，也可以通过股价在尾盘走势过程中出现的迹象来捕捉短线操作的机会。有些个股往往会在尾市接近收盘的时候被突然拉升，即我们常说的尾盘拉升的现象，这种走势类型的个股也存在短线操作的机会。

如图 3-4 所示的粤高速 A（000429），该股的走势中出现了尾盘拉升的现象，股价在下午两点半之前几乎都呈现出小幅度的震荡，但是在临近收盘前半小时内股价开始向上发力。

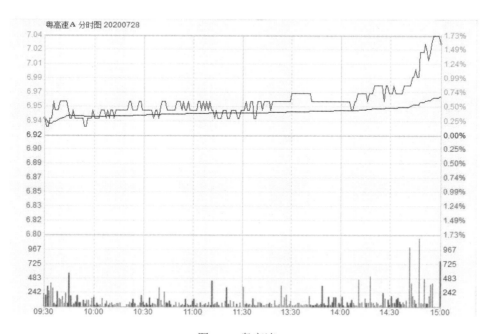

图 3-4　粤高速 A

看到这种类型的个股时，投资者应该思考为什么在前面的走势里股价一直维持着平静的状态，而在收盘前的一段时间里股价却出现了异常的拉升，这种拉升的动力是从何而来？

有一点是肯定的，那就是这种突然拉升肯定不是散户所为，散户不可能会在这个时候不约而同地做多。这种拉升应是主力所为，投资者要进一步思考的问题就是主力为什么要选择在尾市的时候拉升股价。

如图 3-5 所示的岭南控股（000524），该股在下午的运行过程中出现了突然的拉升，并直接将股价封住在涨停板上。从该股的走势来看，只要投资者当时稍作思考就知道这种拉升是有预谋的。也就是说，只要投资者把这种预谋的真正动机挖掘出来，就能判断出它的后期走势方向，如果是主力启动的信号，那对于短线投资者而言就是一次绝佳的操作机会。

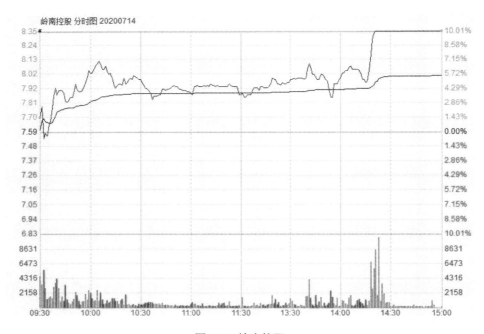

图 3-5　岭南控股

对于在分时图上出现了这种走势的个股，我总结了以下经验，仅供大家在实战过程中参考。

1）窄幅震荡，成交低迷。股价在出现突然拉升之前一直都处于窄幅度的震荡中，而且基本上都围绕当天分时图上的均线上下波动。在整个窄幅度震荡的过程中，成交量一直处于低迷的状态。

2）成群大卖单，零散小买单。在整个窄幅度震荡的过程中，买盘上挂出来的单子都是一些零散的小单，基本上不会出现挂大买单的现象，但是卖盘上却时常挂出大卖单，而且往往是挂在卖二或者是卖三处，有的甚至会在卖二至卖四处挂出大手笔的卖单。

3）大单诱空，择机而动。当股价运行到临近当天收盘前半小时或者是一小时的时候会突然出现几笔主动性买单直接将股价拉起，这个时候原本挂在卖盘上的大卖单要么被对倒掉，要么被撤掉，当然有的也会在撤掉之后再次调高几个价位继续挂在卖盘上。在股价出现突然拉升的过程中，盘中会频繁地出现向上对倒的现象，成交量会呈现出明显的放大，而且在拉升的过程中主动性卖单非常稀少。

如果遇到尾市突然出现拉升的个股，而且在当天运行的过程中出现了以上这些迹象时，只要当时的股价是处于低位区域运行或者是在明显的上升通道运行的，且当时的上涨幅度并不大，短线投资者就可以对其布局。

当然，在操作的过程中也要时刻关注盘面的后期走势动态，在出现突然拉升现象的当天不要重仓操作，在确定第二天股价能够继续走强，而且主动性卖单很稀少的情况下就可以继续加仓。反之，虽然股价在第二天开盘后出现一波快速的冲高，但是在冲高的过程中不断有主动性卖单涌现，同时买盘的积极性也在下降，此时就应该及时将前一天的仓位获利了结。

对于这种走势类型的个股，如果我们掌握了它的盘面迹象，并能够结合当时的大势来操作，那也是短线投资者盈利的一种操作模式。

（3）突发性拉升。这里所说的突发性拉升，是指股价在分时图出现的一种拉升迹象，即股价在当天运行的过程中突然在某个时间段内出现了一股强劲的买盘将股价迅速拉起，这种拉升可以在运行过程中的任意阶段，并非一定要在临近当天尾市的时候。如图 3-6 所示的南京公用（000421），该股在午间收盘时被迅速封住涨停板。

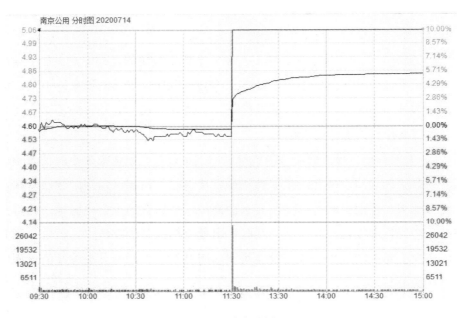

图 3-6　南京公用

这种走势迹象属于盘面异动（出现不寻常的走势迹象时我们就称之为盘面异动走势）。对于短线投资者而言，如果把握好了这种类型个股走势的节奏，其中也有很多的短线操作机会。在操作这种类型的个股时，投资者需要注意以下几点。

1）整理是必需的，缩量也是必需的。在出现突发性拉升之前，股价在当天运行的过程中必须经过一段时间的整理，而且成交量必须是萎缩的，即在这个过程中很少有主动成交的单子。如图 3-7 所示，该股在上午的走势中一直是处于窄幅度的震荡格局，而且成交量呈现出明显的萎缩状态，经过一段的时间震荡后突然出现了一波快速拉的动作，迅速将股价封住涨停。当然，如果在震荡的过程中盘中出现了大量的对倒单而导致成交量出现放大的情况除外，因为这种情况下的成交量并非是真实的，而是主力故意作假而导致的。

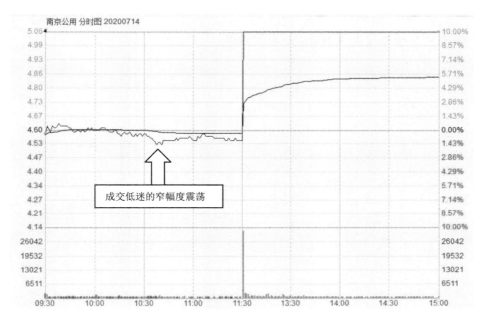

图 3-7 南京公用

2）回落因为对倒，而非市场本意。如果股价在被拉升到一定程度之后出现了回落，并再次出现了震荡，但是股价的回落必须是由于主力故意打压而导致的，并非是盘中出现了大量的主动性卖单。这种故意打压很好识破，如果当时盘面上出现了一次性成交的向下大卖单，特别是在出现持续性的一次性成交的大卖单时，我们就可以确定是主力在故意打压股价了。

另外，股价在再次进入震荡走势时，成交量同样必须是萎缩的，即这个过程中的主动性卖单也是很稀少的。如图 3-8 所示的英特集团（000411），虽然股价出现了一定幅度的回落，而且也呈现出了反复的震荡，但是成交量一直都是处于稳定的状态，这就表明盘中的抛压很稀少，持股者的持股信心较为坚定。

3）观察点位，择机而动。在分时图上出现了突发性拉升走势迹象时，应该立刻打开它的日 K 线走势图进行查看。如果当时股价是处于高位区域运行的话，那无论当天股价的走势迹象是否符合前面的两点，都不能轻易入场参与操作，这往往是主力出货而制造的假象。

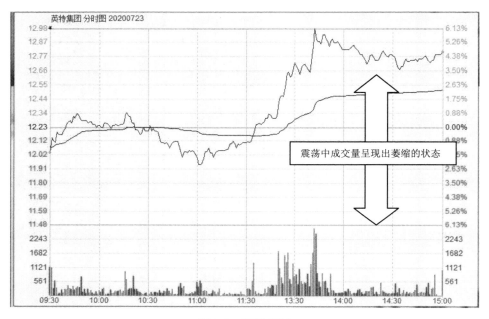

图 3-8　英特集团

在高位区域的震荡的过程中一般都会在买盘上挂出大手笔的买单，而在卖盘上基本不会挂出大单。但是挂出来的这些大买单都不会被成交，同时在震荡的过程中不断有主动性卖单涌现，从而导致成交量出现明显的放大。而在股价出现突发性拉升的过程中，盘中会频繁地出现向上的对倒单将股价推动上去，股价在当天被拉升到一定程度之后，在买二或者买三上又会挂出大买单，而后股价出现回落，但是挂出来的大买单也几乎不会被成交。每当股价回落到这个价位附近时，原本挂出来的大买单就会被自动撤掉，然后再调低几个价位挂出。

如果股价在高位区域运行时，出现了以上这些迹象，那基本可以确定是主力在出货，在这种情况下，短线投资者就不要去碰它。反之，如果是在股价处于低位区域运行或者是在明显的上涨通道运行，并且当时的涨幅也并不大的情况下，那短线投资者就可以在股价出现突发性拉升时适当地入场参与操作。

（4）多头推进。这里说的多头是指买方，即股价在运行的过程中买方一直占据着上风，在多头的推进下股价不断向上攀升，在分时图上呈现出稳健的上升走势，而且在全天的运行过程中股价基本处于分时图上的均线之上运行的。

对于出现这种走势迹象的个股，在很多情况下有短线操作的机会。股价在当天运行的过程中之所以会不断地上涨，就是因为买方在不断地吃进。如果这种买进没有作假的成分，那对于短线投资者而言就是一次绝佳的入场机会。

如图 3-9 所示的东阿阿胶（000423），该股在当天的分时图上出现了这种走势现象，股价开盘后不久就不断向上震荡，并且一直都是处于分时图上的均线之上运行的，直接将股价推送到涨停板上。

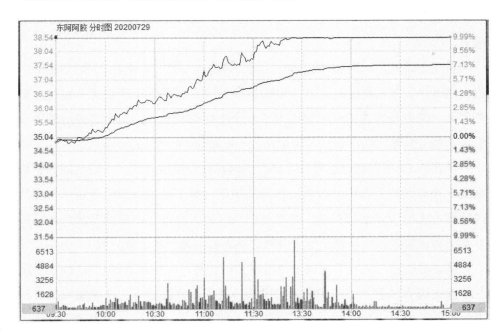

图 3-9　东阿阿胶

　　该股在当天的运行过程中完全处于多头推进的行情，在全天的运行过程中卖方基本没有出现明显地抵抗。看到这种走势类型的个股时，短线投资者在具体操作的过程中可以从以下几个角度去分析思考。

　　1）高位运行，切勿妄动。在出现这种走势现象时，如果股价是处于高位区域运行的，尤其是在此之前出现过加速拉升，且在加速拉升的过程中股价被频繁涌现的向上对倒单拉起来，整个过程中成交量呈现出现明显的放大。

　　在这种走势格局之下，短线投资者是不应轻易入场参与的。这种走势虽然很诱人，但却暗含较大的风险，一旦股价出现调整行情将很容易引发快速下挫的走势。在这种情况下，主力往往会在买盘上频繁地挂出大单来护盘，即股价的逐步上攻是在有大买单护盘的状态下形成的。

　　2）低位蓄势，整理配合。如果当时股价是处于低位区域，而且在此之前已经经历了一段时间的蓄势整理，同时在整理的过程中主动性抛售比较稀少，盘中刻意压制干扰股价的动作也时常出现。在这种情况下出现多头推进走势时，短线投资者可以考虑适当入场参与操作，这往往是一轮上涨行情开始的信号。

　　对于上述的东阿阿胶（000423）而言，其在 2020 年 4 月 23 日的走势中也出现过一次多头推进的走势，如图 3-10 所示。该股在当天的走势过程中虽然不是一路直接推进的，中途出现了一个小回撤的动作，但是这种回撤并未引发明显的抛售，随后很快又再次回到不断推进的上涨通道运行。

　　从图 3-11 中我们可以看到，该股当时在低位区域经历了一段时间的企稳整理，在整理的过程中也时常出现异动动作。对于这种类型的个股，在实战的过程中我们应该密切关注，尤其是在当时的大盘处于企稳回升的状态下，以及当时该股具备板块联动的效应时，很容易迎来一轮上攻行情。

　　从分时图的"入口"发现主力干涉的动作后，应结合当时日 K 线走势图的迹象去综合分析，不能脱离当时股价所处的点位去思考。在做短线的过程中，投资者要善于用综合的思维逻辑思考问题，并在实战过程中建立并优化自己的操作模式。

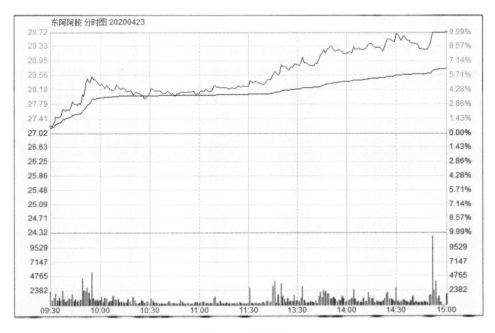

图 3-10 东阿阿胶

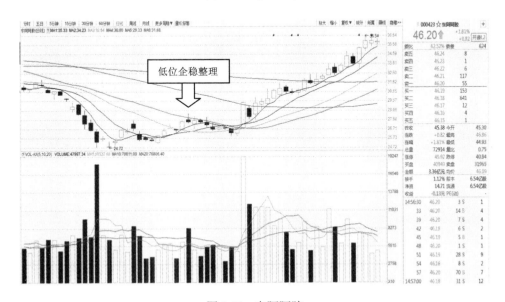

图 3-11 东阿阿胶

温馨提示

　　无论是短线投资还是中长线投资，操作模式的形成其实就是实战经验的提升过程。换言之，操作模式是我们在实战过程中总结出来的盈利模式，在自己能够把控的范畴内建立操作体系，这种体系就是实战中的操作模式。

　　在 A 股中博弈，需要有一定程度的实战"沉淀"，且是带着思想的"沉淀"，而非简单地以参与时间的长短来衡量。操作模式的形式，也并非是一朝一夕能速成的，需要投资者理性面对这个市场，沉下心去总结提炼，方能有所成。

第四章

短线选股技巧

投资者在短线操作的过程中，选定目标是盈利的关键一步。选股、择机是股市中盈利的两个最基本的前提，而选股又是让很多投资者着实头痛的一件事，或者在选股的过程中只是跟着自己的感觉走，根本不知道从哪些角度去确定目标个股。

在本章中，我将为读者朋友重点介绍一些比较容易掌握的选股方法，希望能给大家带来帮助。

一、选股必备的基本功

1. 熟悉各大重点板块

在短线操作的过程中，投资者需要及时地捕捉到表现突出的个股，而在一般情况下，市场中表现抢眼的个股是具有板块效应的，即我们通常所说的热点板块。

在选股的过程中，如果我们确定了当时的热点板块，那再去选择具体的目标个股时就容易一些了，只需要在当时的热点板块中确定这个板块的龙头个股，或是确定该板块中蓄势待发的个股。而要做到上述这些，首先需要投资者了解两市中的各大重点板块，如科技、环保、航空航天、汽车、新能源、农业、有色等。对这些重点板块的个股熟悉后，一旦它们表现突出，就能在第一时间内确定是哪个板块在走强。

如果投资者熟悉各个板块，那在选股时就不会盲目，短线投资者需要在最短的时间内捕捉到个股的投资机会，板块的炒作往往是存在轮动性的，这种轮动性又表现在板块的切换上。[⊖]

抓住这个特性，我们就可以进行有针对性的选股。在每一轮行情中，密切关注每个板块的动态，这是短线投资者必须要做的工作。这个工作很简单，每天花点时间去观察就能完成。也就是说，在选股的过程中，我们可以从板块的轮动性角度来确定自己的目标个股，一旦发现哪个板块出现了整体的表现时，我们就可以有针对性地从这个板块中寻找短线投资的目标。而当一个板块被炒作之后，我们就可以把目标转移到其他的板块上，这就是短线投资者在选股过程中，必须具备的基本思路。

2．熟悉各大重点题材概念

与板块相对应的操作机会，就是题材概念的捕捉。如果短线投资者在选股的过程中能从这个角度去思考，那将会为选股提供一个更有针对性的依据。题材概念上的机会是具有"炒作性"的，想在第一时间里捕捉到其中的机会，投资者需要具有灵敏的"嗅觉"。在熟悉市场中的重点题材概念后，要密切关注这些题材概念是否被市场炒作，一旦确认某个题材被炒作的话，那就要将目光转向这个题材概念板块上去挖掘个股的机会。

在具体选股的过程中，投资者可参考以下几个导向。

（1）密切关注排行榜上的动态，看看是否出现了概念炒作的迹象。

（2）一旦发现了概念炒作，立刻打开该概念的个股进行查看。一般情况下某个概念板块出现了三只或以上的个股排在涨幅排行榜首页的话，基本可以确定这一概念是当时的热点题材。

（3）选出具有投资潜力的个股，即当时的股价不是处于高位区域运行的，而且已经经过了充分的蓄势整理。

⊖ 轮动性：即在大盘发动上涨行情时，各个重点板块都会被轮番炒作一番，这基本上是一个不变的特性。

3．确定领头羊

熟悉了市场中的重点板块，以及各个重点题材概念后，那接下来的主要工作就是要确定哪些个股是领头羊。领头羊就是每个板块或每个题材概念中涨势比较凶猛的个股，这是短线投资者在选股过程中必须要确定的。

对于板块或者是题材概念中的领头羊而言，它的涨幅以及上涨的速度是远远超过同板块或者同题材的其他个股的，一旦将捕捉到了这些个股就能大大提高自己的盈利空间。

但需要强调的一点是，在确定目标个股的过程中一定要关注当时的涨幅，如果当时的领头羊个股是处于高位区域运行的，那就要谨慎对待，此时不能轻易去入场参与，即便想博取其中强势拉升的波动也需要控制好仓位，以轻仓操作来布局。这种类型的个股往往会在短暂的表现后引发一波下跌行情，而且这种下跌往往是大幅度的，甚至是快速的。

4．确定大势

确定当前的大盘是否符合短线操作的条件，短线操作并不是在任何情况下都可以进行的，短线操作也需要依据当时的大势而定，即我们通常所说的要顺势而为，不能逆势而为。短线操作就要遵循以下原则。

（1）下跌趋势中不宜操作。 此时股指是处于完全弱势运行的，股指一直都在半年线以下运行。在这种情况下，股价的表现往往仅仅是技术性反弹而已，这种表现对于一般的投资者而言是难以把握的。如图 4-1 所示，当时的股指就是在明显的下跌通道运行的，此时就不适合展开短线操作。

在股指处于明显的下跌通道运行时，投资者往往会被这个过程中的反弹所吸引，即每当股指出现反弹时都会忍不住入场参与操作，而且是频繁地进行操作。但往往都是在股指终结反弹后没有把握好节奏，而导致自己在前面的操作过程中获得的利润全部回吐给市场了，有的甚至反被深套其中。

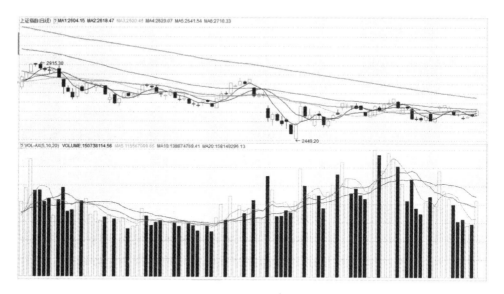

图 4-1　上证指数

出现这种被套情况的根本原因就是因为在操作的过程中，投资者没有认真考虑大盘的运行状态，没有克制自己贪婪的欲望。当股指处于明显的下跌通道运行时，在跟盘的过程中投资者可以从以下几个角度来分析反弹。

1）从热点板块的切换上来看。如果在这个过程中出现了反弹，盘中的热点板块无法持续。也就是说，盘中每天出现的热点板块都在不断切换，某个板块没有在一段时间内出现连续的走强，那股指的反弹往往就是短暂的。在这种情况下，经验不是很丰富的短线投资者就不应轻易展开操作，即便是经验丰富的投资者此时参与操作，也要注意控制仓位以及交易的频率，这个时候个股的交易机会并不大。

2）从成交量上来看。在经历一波长期的下跌行情之后，股指要想真正迎来一波有力度的反弹行情，或者是迎来一轮反转的行情，必须要有成交量的配合。

如果在股指反弹的过程中，成交量一直都呈现出萎缩的状态，那这往往意味着反弹并没有得到场外资金的追捧，在缺少资金流入的情况下股指持续反弹是不现实的事情。当然，这并不是说股指在反弹的过程中成交量一定要出现明显的放大，如果在这个过程中成交量呈现出逐步的放大，而且盘面上的热点板块也有持续的表现，那股指的反弹空间就有望扩大。

当股指处于明显的下跌通道运行时，如果在这个过程中出现了反弹，那在展开短线操作的过程中一定要密切关注成交量的变化情况。这一点往往会被投资者忽视，有些投资者根本不知道从哪个角度去分析当时的反弹，如果投资者明白股指的反弹需要资金的推动，那就可以从成交量的角度来分析判断当时的反弹空间，从而选择自己的操作方向。

3）从政策的利好上来看。导致股指长期下跌的原因无非就是以下这几种。

一是经济层面不乐观，或者出现了明显的下行拐点。

二是外围经济（国外）出现了大的动荡，或者是出现了大的政治动荡，并且影响着中国企业的外部投资环境。

三是政策对某个行业或者是多个行业进行严厉的调控，导致这些行业的上市公司股价出现大幅度的走低，从而引发股指的调整。

四是股指经过一波大幅度的上涨行情后，下跌能量被持续释放，从而导致股指出现长期的、大幅度的下跌。

五是市场经历一轮幅度较大的上涨后，银行开始启动加息周期，政策导向也在给股市降温，这种情况大概率就是股市要进入调整的信号。

弄清楚了导致股指下跌的因素之后，若要在股指经过一轮下跌行情时判断它是否会走出这种"困境"，我们只要关注在股指出现反弹的过程中，这些不利的因素是否得到了好转。如政策上是否出现有利于经济走强的实质性利好消息，或者是对资本市场有利的政策性决策，以及外围环境是否得到了改善。尤其是银行是否启动了降息周期，以及政策导向上是否引导中长期的资金入市。如果没有，那这种反弹就是短暂的，即便这种反弹来得再凶猛也无济于事，因为大的环境没有得到改善。

投资者在股指处于下跌通道运行时，遇到股指出现了反弹的行情时就可以抓住这条主线对其进行分析，判断是否具备短线投资的条件，如果不具备，那在选股的时候就要谨慎对待，即便当时的某些个股走势比较抢眼，那往往也是一时的。

（2）择向中少操作。当股指经过一波下跌行情之后，在回升的过程中运行到重要的技术压力位置附近时，如 60 日均线、半年线以及年线附近时，短线投资者不要轻易展开操作。这往往是股指在选择方向的关键时刻，应该等待方向明朗之后再去选择要操作的目标个股。一旦股指选择了向下的运行方向，那绝大部分的个股也会跟随股指而调整。

如图 4-2 所示，当时的股指正是运行到半年线附近受到阻力后，先选择了向下调整，即股指于 2020 年 5 月运行到半年线附近时受到了阻力而调头向下运行。

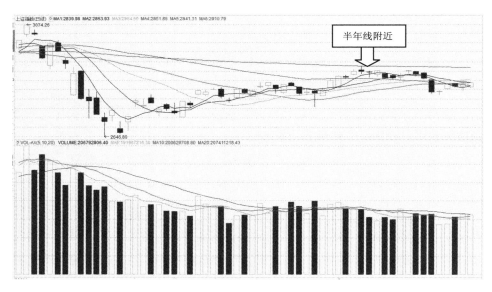

图 4-2　上证指数

在这种情况下，投资者在具体分析的过程中，可以从以下几个角度去思考。

1）反弹过程中的动态。如果股指在反弹的过程中出现突发性的快速上涨，那这种反弹一般都是纯技术性的反弹。在这种情况下，股指运行到半年线附近时往往都会遇到阻力而继续进入下跌通道运行，这个时候投资者就不应轻易展开短线操作。反之，如果在反弹的过程中，股指呈现出稳步式回升，而且在回升的过程中热点板块不断涌现。在这种情况下，如果股指运行到重要的技术压力位置附近时涨幅并不大，而且在这附近也没有出现过多的抛压，有经验的短线投资者可以适当地展开短线操作，但是经验不是很丰富的投资者，此时最好多看少动。

这里需要特别解析的是何为稳步式回升，或许很多读者不理解这一概念。所谓"稳步式回升"，是指股指在回升的过程中不断出现整理的动作，即充分地消化了这个过程中积累的短线获利筹码。而且在回升的过程中，各个板块都出现了较为活跃的迹象。在这种情况下，我们基本可以确定这种反弹是稳步式的回升，并且持续的时间一般都是比较长的，即突破半年线上阻力的可能性比较大。

2）大盘股的动态。股指经过一波反弹行情运行到重要的技术压力位置附近时，投资者要密切关注当时大盘股的动态，如果大盘股在这波反弹行情中已经被炒作了一番，而且此时正处于刚进入调整的阶段运行。在这种情况下，股指想一举突破这个重要技术压力位置上的阻力是比较难的，此时短线投资者尽量不要展开操作，应该静观其变。反之，如果当股指运行到重要的技术压力位置附近时，大盘股刚刚进入走强的阶段运行，那股指就很有希望向上突破这个技术压力位。在这种情况下，投资者就可以选择那些具有攻击力的个股适当地展开短线操作。

3）成交量。股指要想突破这种重要技术压力位置上的阻力，必须有做多能量的配合，我们可以从成交量的角度去分析。在观察成交量的时候，投资者不能用固有的思维去思考分析，即不能一味地认为这个时候成交量出现放大，股指就一定能够突破这个技术压力位置。理由很简单，如果当时成交量的放大是由于资金外逃而释放出来的，而我们还用这种固有的思维去思考的话，那被市场"忽悠"就是一定的。反之，我们也不能一味地认为股指运行到重要技术压力位置附近时，成交量出现了萎缩就意味着后市股指一定会出现下跌的行情。

如果从另外一个角度去思考，在技术压力位附近成交量出现萎缩也意味着盘中的抛压很稀少，即很少有外逃的筹码，这是有利于股指向上突破的。但前提是，股指经过缩量休整后能够吸引场外资金注入，即在接下来的运行过程中能够出现放量上涨的走势。

在这种情况下，短线投资者要把研究的重点放在观察成交量的变化上，如果是放量的话，那就要分析这种量是如何释放出来的。如果是因为主动入场的资金而释放出来的，那股指就有望向上形成突破，在这种情况下投资者就可以对目标个股适当展开操作。反之，如果这个过程中的成交量是由于盘中出现了大量的出逃筹码而释放出来的，那后市股指出现继续下跌的可能性就相当大。

同样，如果在股指运行到重要的技术压力位置附近时，成交量出现明显的萎缩，那就要把研究的侧重点放在成交量萎缩之后，股指的动态以及当时成交量的变化情况上。在股指没有再次向上形成突破并且是放量向上突破之前，投资者不要轻易展开短线操作。

（3）政策降温时少操作。我想只要稍微理性的投资者此时都会更加谨慎。当大盘涨幅过高之后，开始有政策出台对市场调整降温，尤其是开启加息周期时，投资者在操作上要谨慎对待，需要以风险防范为主。

5．适合短线操作的环境

上面我们分析了一些不利于短线投资的情况，即在这些情况出现的时候，短线投资者尽量不要进行短线操作。那么在什么情况下，可以进行短线操作呢？在什么情况下，进行短线操作是相对安全的呢？对此，我根据自己的实战经验，总结出了以下几个方面的因素，希望能给读者带来参考价值。

（1）热点显著且持续性强。大盘处于稳健上涨的过程中，盘中出现了明显的热点板块，而且这些热点板块中的个股有持续性的表现。这给短线投资者提供了一个很有利的投资条件，热点板块的持续意味着大盘至少在短期内是有所表现的。对于这种情况，我们可以理解为此时大盘不是处于弱势的状态下运行，即大方向上创造了一个有利的因素，而且板块也表现积极。这些因素往往会刺激场外资金在短期出来做多。

对于短线投资者而言，此时可以选择目标个股，并适当参与其中的操作。但在具体的操作中，一定要选择那些表现较为突出的，并且近期涨幅不是很大的个股。另外，当时的股指不能处于敏感的位置附近，如刚刚运行到重要的技术压力位置附近，或者是在短期内出现了一波大幅度的反弹行情。在这种情况下，即便盘中出现了持续性的热点板块，短线投资者在操作的过程中也应该格外小心。

（2）首榜个股涨幅均在5%以上。短线操作追求的是顺势而为，即在大盘向好或是在大盘处于稳定的状态下，且个股表现较为积极的情况下去参与，这样才能提高胜算。

判断当时市场个股表现强弱最直接也是最快的办法就是观察当天涨幅排行榜上个股的涨幅情况。如果排在涨幅排行榜上第一页中的所有的个股涨幅都在5%以上，那就意味着当天个股表现比较积极。当然，这种格局必须能维持到上午十点半之后。因为，有些时候一开盘表现较好并不意味着全天都能表现积极，在一般的情况下，上午十点过后盘面基本会稳定下来，除非在运行的过程中出现了突发性事件（如突发的利空袭来）。反之，如果在涨幅排行榜上第一页中的很多个股的涨幅都在5%以下，而且封住涨停的个股数量也是寥寥无几的话，那短线投资者就不要轻易去参与操作。

（3）上涨个股数量远大于下跌数量。对比个股涨跌数量也是可以较为直接地观察当时大盘的格局。如果上涨的个股数量在连续几天内远远大于下跌的个股数量，这就意味着盘中上涨的能量要明显大于下跌的能量，后市股指出现继续上涨的可能性就相当大。但前提是当时的股指不是处于高位区域运行的，否则往往是最后的疯狂，主力以这种方式迷惑投资者实现出货。

如果当时大盘不是处于高位区域运行的话，盘中个股出现上涨的数量远远大于下跌的数量时，则可适当进行短线操作。这里所说的远远大于，是指上涨的个股数量超过下跌数量的1.5倍，而且是在连续几天内出现的。

二、确定目标个股

在短线操作的过程中，要综合多个盘面导向确定当时的大盘环境符合短线投资的条件后，接下来的工作就是要确定目标个股，即选出可以进行操作的个股。这是短线投资者盈利的重要一步，也是对短线投资者技术要求较高的一步。

在确定目标个股的过程中，我总结了以下经验，在此仅供大家参考使用。

1. 确定尾市异动

这里所说的尾市异动，主要是指股价在当天运行的过程中，开始一直都是较为平静的走势，但是当股价运行到当天临近收盘的时间，或者是在下午两点左右突然出现拉升的动作，将股价迅速拉起，这种行为被我们称为"尾市异动"，投资者应密切关注这种类型的个股，这往往是短线投资者可以操作的目标个股。

在选股的过程中，如果遇到了有这种走势的个股，首先要重点关注它接下来的一举一动。当然，并不意味着只要个股在分时图上出现了尾市异动的走势就可以立刻入场买进。在具体的操作过程中，也需要区别对待，有些个股并不可以作为短线投资的对象。

例如出版传媒（601999）（见图4-3），该股在当天运行的过程中，出现了尾市异动，即股价在下午两点之后出现了一路拉升，而在此之前股价一直都是处于较为平静的状态下运行的，即维持小幅度震荡的格局。

若尾盘出现异动拉升的动作，往往预示着该股有主力在活动，否则股价不可能出现强势的运行。但这并不代表只要尾市出现了异动拉升，后市股价就一定会迎来一波上涨的行情。我们在选股的过程中看见这种类型的个股时，首先要做的工作就是要清晰地知道在何种情况之下，股价会在尾市的时候出现异动拉升。

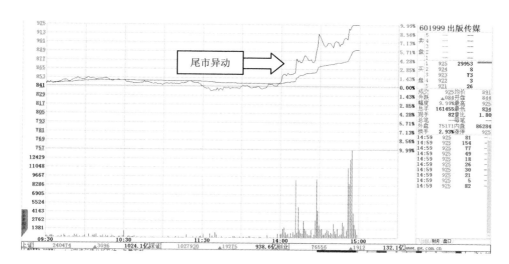

图 4-3 出版传媒

对于这一点，我总结了一些会导致股价在尾市出现异动拉升的因素。

- 主力试盘。

- 真正启动。

- 受突发利好消息刺激。

- 诱多出货。

在不同情况下，它们所表现出来的盘面特征也是不一样的。因此，短线投资者在选股的过程中，可以通过当时盘面上所表现出来的特征加以分析判断。

（1）主力试盘。 如果尾市拉升的异动是主力在试盘的话，即主力在对目标个股建仓之后，为了进一步验证自己的控筹情况，会采用各种手段来对盘面的走势进行干涉以达到试探的目的，这种行为被我们称为"主力试盘"。那在这种情况下盘面上往往会出现以下这些特征。

1）对倒拉升。只要投资者当时仔细观察了该股的动态盘是很容易发现这一动作的，即在股价拉升的过程中不断出现向上吃进筹码的大单，而且这些大单是一次性成交的。

2）直线式拉升。在尾市拉升的过程中，股价在分时图上会呈现出直线式的上冲，既然是主力试盘，那么主力要想干涉股价的运行，并且要股价在短期内出现大幅度的拉升，最好的办法就是采用向上对倒的手法拉升股价，这样一来股价必将会呈现直线式的拉升。

3）先挂大买单铺垫。主力资金为了测试场外资金的反应状况，往往会在准备拉升的时候挂出大手笔的买单，如果此时不断有主动性买单入场，那就预示着场外资金对该股的关注度比较高。反之，如果在挂出大手笔的买单后，盘中主动买进的投资者并不是很多的话，那就预示着此时场外资金的参与并不是很积极。这就是主力为什么要先挂大买单的原因，但是这些大买单在股价进入快速拉升之后就会被撤掉。

4）有压制性大卖单的切换。当股价在当天异动后被拉升到一定幅度时，盘面上往往会较为频繁地出现挂大卖单的现象，即我们通常所说的压制性大卖单。主力这样做的目的，主要是为了测试盘中持股者的持股信心，此时股价已经被拉升到一定的高度，有些投资者此时已经有盈利的空间。

那可以设想一下，当盘中持股者的信心不是很坚定的情况下，在卖盘上出现大手笔的卖单后，他们在操作上又会做出什么样的选择呢？很显然，此时这部分持股者肯定会选择获利了结。这样一来，如果短期获利盘比较多的话，那盘中就会出现大量的主动性抛压。在这种情况下，主力在接下来的做盘中肯定不会使股价立刻进入真正的拉升通道，至少会对盘面进行清洗。

此时，短线投资者就不应该急着入场参与操作，应耐心等待主力洗盘之后，股价再次向上启动时可入场买进。反之，如果在卖盘上挂出大手笔的卖单后，盘中主动性卖单依旧很稀少，而且截至当天收盘时股价回落的幅度也相当有限。那在这种情况下，短线投资者就要密切关注该股的后期走势动态，如果在接下来的运行过程中，股价能够呈现出稳健式的上涨，就可以适当入场参与操作。

5）对倒打压。有些主力不仅会采取压大卖单的形式来给盘面制造恐慌，也会结合向下对倒直接打压股价来清洗盘面。股价在分时图上先呈现出异动冲高，之后再快速回落（因向下对倒打压导致）。

这种动作也是主力在测试盘中持股者的持股信心，这个时候我们只要观察股价在被打压的过程中，是否有大量的主动性卖单涌现，如果没有的话，那就预示着盘中持股者的持股信心比较坚定。在这种情况下，只要股价在接下来的一两天里能够继续走强的话，就可以考虑进行短线操作。反之，如果在股价被打压的过程中，盘中不断有主动性卖单涌现的话，那此时就不能轻易入场参与操作，这至少意味着盘中的浮动筹码比较多。在这种情况下，主力会进行洗盘，后市股价大概率是不会在短期内启动一波上涨行情的。

这里有必要强调的是，很多新手并不知道如何去判断在这个过程中是否有主动性卖单出现。其实方法很简单，只要盘中出现的卖出单子是一些零散的小单，而且是持续性地或者是较为频繁地抛售，这种现象就预示着盘中的主动性卖单较为沉重。

6）股价处于低位或相对低位。主力一般都是在低位建仓之后或是在拉升的途中才会进行洗盘，洗盘是为了后期的拉升。而股价处于高位区域运行时，如果在尾盘出现快速拉升的异动走势时就要引起投资者高度的重视，这往往是主力在诱多出货。在这种情况下，投资者就不要去参与。在选股的过程中，如果遇到了在尾市出现快速拉升的个股时，我们可以从以上这些角度去分析判断这是不是由于主力试盘而导致的，并根据当时的盘面情况进一步做出决策。

（2）真正启动。当主力资金注入一只个股之后，在经过充分的蓄势洗盘后股价就会进入真正的拉升通道。对于短线投资者而言，如果能够及时捕捉到个股的启动迹象，那在短期内就能获得丰厚的利润。而我们这里所谈及的尾盘快速拉升的异动走势，往往就是主力入驻之后进入真正拉升阶段的启动迹象。在这种情况下，我们可以通过当时的盘面走势动态来加以判断。对于真正启动的尾市拉升，我总结了以下盘面特征，仅供大家在选股过程中参考使用。

1）价不在高位。当我们在选股过程中，看见个股在分时图上出现了尾盘突然拉升的现象时，首先要考虑的就是当时股价所处的位置，即当时股价的涨幅情况，投资者可以立刻打开它的日 K 线走势图进行查看。

如果此时出现的尾市拉升是主力启动一波上涨行情的信号，那此时股价一般都是处于相对低位运行的，或者是在"绝对"低位运行的，即经过了一波长期的下跌行情，此时的股价已经是历史性低位了。而相对的低位指的是股价经过了一波幅度较大的长期下跌行情，但是并没有出现历史性的低位。若股价处于脱离底部区域的过程运行的，但是此时股价的上涨幅度在 30%以下，此种情况也是属于相对低位。

2）主动性买单推动股价。股价在尾市出现拉升的过程中，盘中主动性买单较为积极，而且这个过程中虽然会出现向上对倒的现象，但向上对倒的频率不高。偶尔出现向上对倒的现象后，就会有主动性买单涌现将股价推高，股价在分时图上不会出现单一的直线式拉升，而是在短暂的直线式拉升之后呈现出震荡向上的走势。

这种迹象理解起来应该不难，主力入驻之后股价要进入真正启动阶段的话，肯定会对盘面进行清洗，即经过充分的洗盘之后才会启动上涨行情。既然是这样的话，那当股价在尾市出现异动拉升的时候，上涨肯定是比较轻松的，即主力只要用很少的筹码就可以将股价拉升上去理由很简单，因为此时主力已经达到了较高的控盘程度，盘中的浮动筹码已经被主力清洗出局了。这个时候主力没有必要频繁地采用向上对倒，此时主力只要不往外抛售，盘中是不会出现沉重抛压的。因此，只要场外资金注入稍微积极点就可以将股价拉起。

短线投资者在选股的过程中，如果看见个股在尾市出现异动拉升的走势时，就可以参考以上思路对其进行分析判断。

3）主动抛售稀少。这也是股价在真正启动时出现尾市异动拉升的一个特征，由于在此之前主力已经对盘面进行了清洗，所以在出现异动拉升时，盘中的浮动筹码不会很沉重。股价在当天拉升的过程中以及拉升之后（指的是当天分时图上的走势），基本不会出现大幅度的回落。

投资者在选股的过程中，如果看见尾市异动拉升的个股时，也可以从这个角度对其加以分析。

4）异动拉升前的充分整理。如果在出现异动拉升之前，股价是处于相对低位运行的，而且经历了一段时间的整理，股价在日 K 线走势图上呈现出窄幅度的震荡，即我们通常所说的横盘运行，并且成交量也呈现出极度的萎缩。换言之，股价在经历整理之后，盘中的浮动筹码比较稀少，即筹码的集中度较高。此时出现的异动拉升往往就是股价启动的迹象，但前提是在拉升的过程是很轻松的，即这个过程中很少有主动性的抛盘涌现，同时股价被拉上去之后也不会频繁出现向下对倒单。

以上这四个特征是我们判断股价在尾市出现异动拉升时，是否为主力进入真正启动阶段的依据，可以综合以上角度来分析判断。如果盘面上出现这几个特征的话（最好是这几个特征同时出现），那大概率上可以确定主力即将要启动一波上攻行情。

（3）受突发利好消息刺激。在这种情况下，盘面上一般是不会出现特殊的迹象，股价往往是被突然拉起的，即在出现利好消息的时候，盘中突然出现了一股做多的力量。遇到这种异动拉升时，投资者要仔细分析这种消息是否会构成实质性的利好，如果能形成持续性、实质性的利好，那此时就可以将其确定为要操作的目标个股。但投资者需要注意当时股价所处的点位，如果是在高位区域的话，则需要注意防范风险，要提防利好消息被兑现后引发股价出现下跌行情。另外，如果这种利好消息并不是实质性的，即对股价的影响不是内在的，那就要谨慎对待。在这种情况下，股价的上涨往往是难以持续的。

（4）诱多出货。当主力将股价抬高到一定程度之后，即达到了自己的盈利预期之后，往往也会采用尾市拉升的手段来吸引投资者入场买进，也就是我们通常所说的诱多出货。

这种情况判断起来相对比较简单，我们可以从以下这些特征入手加以分析判断。

1）股价的拉升基本上是被盘中出现的向上对倒单拉上去的。

2）在股价拉升的过程中，卖盘上基本上不会挂出大手笔的卖单，出现的几乎都是一些零散的单子。这一点需要解释一下，可能很多读者对这个迹象难以理解，我们可以用逆向思维去思考，如果主力采用这种手法来诱多，那此时还会有投资者敢入场买进吗？很明显是不会的，稍微有点经验的投资者都不会在这种情况下盲目接盘，这样一来主力岂不是就达不到想要的目的了吗？所以，这个时候主力是不会在卖盘上挂出大手笔卖单的，反而会挂出小单，以此来迷惑投资者，让他们误认为这是抛压稀少的现象，从而促使这些投资者入场接盘。

3）股价在日K线走势图上是处于高位区域运行。

4）在股价拉升的过程中，盘中会不断有大手笔的买单挂在买盘上，往往是挂在买一或者是买二上，有的甚至会在买一和买二上都挂出大买单。

5）当股价被拉升到一定幅度之后，盘中就会出现大量的主动性卖单，这个时候股价会呈现出逐步甚至是快速的回落，而且在股价回落的过程中很少有主动性买单涌现。

当股价在高位区域运行时，如果在出现尾市异动拉升的过程中盘面上出现了以上这五个特征的话，那基本上就可以确定是主力在诱多出货了，此时就不要去参与。当然，有些个股在高位出现诱多时，也会走出一波短暂的上涨行情，如果投资者的短线操作技术水平不是非常高的话，还是少去参与为好，这种行情往往是来得快去得也快。

例如，山东高速（600350）（见图4-4），该股在尾市出现了异动拉升的走势，对于该股的走势，投资者只要稍微仔细地观察当时的盘面迹象，就应该很容易发现其中存在的问题，并根据这些迹象判断当时主力的意图。

根据该股当天的走势过程，我们可以获取以下盘面信息。

1）股价窄幅震荡，成交量极度萎缩。股价在出现快速拉升之前一直都在窄幅度震荡的格局运行，而且基本上都在分时图上的均线附近上下波动，同时成交量也呈现出极度萎缩的状态（见图4-5）。

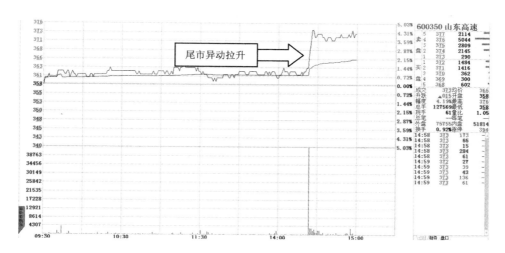

图 4-4　山东高速

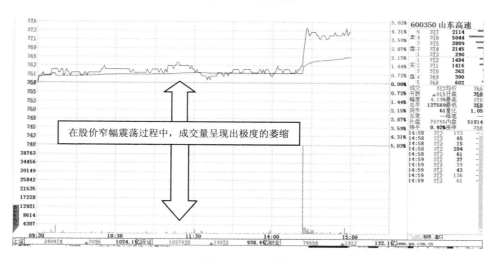

图 4-5　山东高速

从盘面流露出的信息上，我们至少可以解读出当时的抛压相当稀少，持股者非常坚定，否则在股价迟迟不表现的情况下必将引发抛售。这样一来，不仅股价在分时图上无法长时间地维持窄幅的震荡格局，而且成交量也无法维持极度萎缩的状态。

2）尾市拉升后只是稍作回落。股价被直线式拉升之后，而且是一步到位地拉升后，并没有出现大幅度的回落，只是稍作回落便进入窄幅度的震荡之中运行，而且成交量依旧没有出现明显放大的迹象，这种走势格局一直保持到当天收盘为止（见图 4-6）。根据这一信息，我们至少可以解读出盘中的短线筹码较为稀少，否则在股价被迅速拉升之后，必将会引发一部分短线获利了结盘。这样一来股价就会出现大幅度的回落，而且还会伴随着成交量的放大。

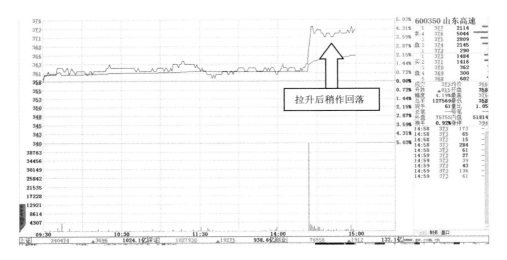

图 4-6　山东高速

3）卖盘上出现大手笔的卖单。股价被快速拉升之后，卖盘上立刻出现了大手笔的卖单，而且是在连续几个委卖价位上挂出大手笔的卖单。但是，股价并没有因为这些大卖单的挂出而出现大幅度的回落。看到这种挂单现象时，投资者应该仔细思考，这到底是为什么？

按照常理而言，在出现这么多的卖单时股价理应出现大幅度的回落才对，因为对于一般的持股者来说，只要看到委卖处出现大单就会有恐慌的心态，会在恐慌的影响下将所持筹码抛售出去。在这种情况下，股价自然会出现快速回落或者是逐步回落，并且回落的幅度也比较大。但是，在该股中我们并没有看到这种走势现象，此时我们只要用逆向思维稍作思考，就很容易弄明白其中的原因了。

很显然，在挂卖单的情况下盘中都没有出现恐慌性的抛压，这已经很明显地表露出盘中持股者的信心较为坚定，短线回吐盘很轻。同时，如果尾市异动拉升是主力在诱多出货的话，还会在卖盘上挂那么多的大卖单吗？我们用逆向思维解读了挂大卖单的迹象后，就不难看出大卖单其实就是主力故意挂在上面的。

综合以上迹象来看，如果当时的股价是处于低位区域或者是在相对低位运行，那我们基本上可以确定该股是一只有主力资金注入的个股，而且正处于待启动的阶段，即主力随时都有可能会启动上涨行情。当我们在选股的过程中遇到这种类型的个股时，就要牢牢地盯住它，一旦行情来临就是短线投资的机会。

通过上述分析，我们发现其实选股并不难，难的是我们无法解读盘面的信息，而解读信息首先需要的是投资者能静下心来，然后仔细观察盘面的动态，并将这些盘面异动的迹象挖掘出来。

2．关注早盘冲高

早盘出现冲高的走势是最吸引人的，但是需要谨慎对待这种诱人的动作，虽然这种异动在某些情况下会带来机会，但是风险也是比较大的。当然，这种类型的个股如果把握好了，后市股价往往会在短期内出现一波快速的上涨行情。

例如，宁波富达（600724）（见图 4-7），该股在早盘的运行过程中，出现了一波快速冲高的走势。从该股的走势上，我们可以看到股价在早盘冲高之后，并没有延续这种强势走势，而是在冲高之后便进入了回落的通道运行，截至当天收盘时股价并没有以当天的最高价报收，而是收在了分时图上的均线之下。

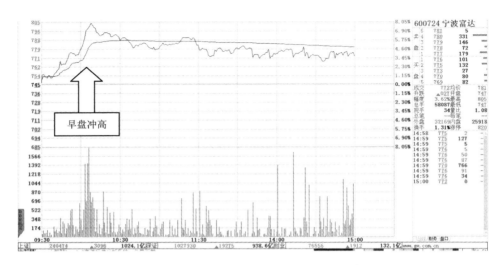

图 4-7　宁波富达

针对这种类型的个股，我从以下几个角度进行了分析和总结。

（1）确定所处点位。遇到这种早盘冲高的个股时，首先要立刻打开它的日 K 线走势图进行查看，观察当时股价运行的位置。如果当时股价是处于高位区域运行的，那在选股的过程中就要谨慎对待，这种冲高很有可能是主力在诱多出货，股价在当天就会出现大幅度的回落。

对于这种位置的个股，很多短线投资者往往会在当天回落时入场买进，其实这种操作是一种冒险行为。面对这种类型的个股，投资者要克制住自己的冲动，不要把目光只盯在早盘冲高这一诱人的动作上，应该结合当时股价所处的点位进行综合考虑，充分评估当时的风险与收益的比重。

如果在股价运行到重要的技术压力位置附近时，出现了早盘冲高的走势，那也不要急于入场参与。在重要的技术压力位置附近出现早盘冲高时，短线投资者首先要做到的就是必须保持冷静，除非在这之前股价经历了长期的横盘蓄势，而且在横盘的过程中成交量极度萎缩，否则就不要在早盘冲高的过程中急于买进。

不轻易买进的理由很简单，此时股价是处于敏感的位置附近运行的（上有压力位），一旦在这个压力位置附近出现了大量抛压，那在短期内股价是难以形成突破的，短线投资者没必要在这个时候入场参与，应该等待股价确实能走强时再参与。当然，遇到这种类型的个股时，短线投资者必须密切关注它的后期走势，如果在早盘冲高后股价依旧能够稳步地向上攀升，而且在这之前股价经历了充分的蓄势整理，那短线投资者就可以适当入场参与操作。

当股价处于低位区域运行时出现了早盘冲高的走势，同样要密切关注它的后期动态，这往往是主力在试盘。在选股的过程中碰到这种类型的个股时，要将其放在自己关注的股票池中，时刻关注它的动态，一旦后市股价出现稳健走强就可以入场参与操作。

（2）观察冲高过程中的迹象。当我们确定股价所处的位置之后，就可以将重点放在冲高过程中的迹象，并对其加以分析，但前提必须是当时的股价不是处于高位区域运行的。

如果股价在冲高的过程中，股价的上冲基本是被盘中出现的向上对倒单拉升上去的，而且在拉升的过程中股价在分时图上是一次性被拉升上去的。在这种情况下，短线投资者是不能立刻入场的。无论当时股价是处于哪个位置运行，在早盘冲高之后基本上就会出现回落的过程，有的甚至会出现大幅度的回落。但要将其纳入重点关注的对象，这也是短线投资者在选股过程中必须要注意的一点，即我们最终确定的目标个股，必须是经历了层层筛选的，唯有这样才能提高成功率。

如果股价在早盘上冲的过程中，股价呈现出稳健式的向上攀升，而且在攀升的过程中主动性买单比较积极，同时盘中很少有主动性卖单涌现，并且股价一直是依托分时图上的均线向上攀升的。在这种情况下，只要当时的股价不是处于高位区域运行的，而且在此之前股价已经经历了一段时间的整理行情，短线投资者就可以适当入场参与操作，一旦后市股价出现稳健地走强时就可以逐步加仓。

（3）观察冲高后的盘面走势迹象。这个迹象对于选股的参考指标而言也是相当重要的，我们可以从这个过程中盘面上所留下的迹象，对后期走势的方向做出一个初步的判断，这对短线操作有直接的参考价值。

在选股的过程中，当我们确定了这种类型的个股是处于低位或者是相对低位运行时，那接下来的任务就是要确定出现这种早盘冲高是主力在试盘，还是主力进入真正拉升阶段的象征。

1）如果股价在冲高之后出现了快速的回落，或者是呈现出单边下跌的形式回落，并且在回落的过程中不断有主动性卖单涌现，导致整个回落过程中的成交量出现明显的放大，截至当天收盘时也没有出现再次拉升。

出现这种现象至少预示着盘中的抛压较为沉重，即便早盘冲高是主力在试探性地拉升，那也会先进行清洗盘面，而不会使股价直接进入拉升的阶段运行。在这种情况下，短线投资者就不要轻易入场参与操作，特别是在股价处于高位区域运行时就更要谨慎对待，这往往是主力在诱多出货。

2）如果股价冲高之后，只是稍作回落就进入窄幅度中震荡，而且在震荡的过程中成交量呈现出极度的萎缩。同时，卖盘上频繁地挂出大手笔的卖单，而买盘上挂出来的都是一些零散的小单。在这种情况下，只要当时股价不是处于高位区域运行的，短线投资者就要密切关注，一旦股价再次启动就可以入场参与操作。这种迹象理解起来其实比较简单，卖盘上挂出来的那些大单明显是主力故意挂上去的，并非真的想卖出，否则就等于直接告诉投资者在出货了。

3）如果股价冲高之后进入回落震荡的格局运行，并且在这个过程中成交量出现了明显的放大，而成交量的放大主要是由于盘中出现了大量的主动性卖单而导致的。在买盘上会频繁地挂出大手笔的买单，而在卖盘上挂出来的却是零散的小单。在这种情况下，短线投资者要高度的谨慎，特别是当时股价是处于高位区域运行时，这往往是主力在隐蔽地出货。

第五章

短线操盘战法

对于短线投资者而言，短线操盘的关键点有三个：一是如何捕捉短期内具备上攻逻辑的目标个股；二是针对这些目标个股，如何选择点位区域；三是在操盘的过程中如何运用仓位管理规避风险。

那在本章中，我将从以上几个层面，给大家分析在短线实战过程中如何捕捉会有上攻行情的目标个股，以及如何对其进行布局操作。

一、在异动拉升中寻找机会

对于短线投资者而言，如果能够捕捉到个股异常拉升的行情，并且能把握好操作节奏，那我们也可以去参与操作。其实，个股的盘面异动是我们观察主力动态的一个较为直接的窗口。通过这个窗口我们不仅能够掌握主力操盘的思路，也能够弄清他的真正意图，进而为我们的操作提供有针对性的依据。

短线投资者，操作时更要掌握解读这种盘口信息的技能。通过异动迹象来确定我们即将要操作的目标个股，然后把握好进场以及出场的时机，这也是短线操作的一个较为实用的投资技巧。

要参与这种模式的短线操作，我们就必须了解异动拉升背后的场景，如资金推动型的场景，或跟随大盘异动的场景等。个股在不同的场景下出现异动拉升动作时，其参与导向或预期设定往往也是有区别的。

1．试探性拉升

股价在筑底的过程中或在试探性拉升脱离底部的时候，往往会有异动拉升的动作，这种异动拉升有些时候是主力资金注入后的一种表现，而有的仅是技术性反弹的一个动作。换言之，有主力资金注入之下的异动拉升是短线投资者乃至中长线投资者要着重去跟踪的对象，这种类型的个股一旦启动阶段性行情或趋势性行情，都将会给投资者带来一定的收益。

如图 5-1 所示的西部创业（000557），该股于 2020 年 5 月 11 日运行到半年线的阻力位置附近时，出现了异动拉升的动作，在日 K 线走势图上形成了带长上影线的 K 线形态。

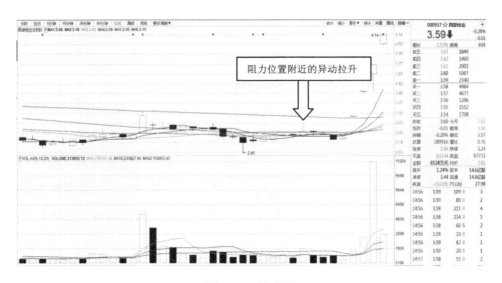

图 5-1　西部创业

这种类型的异动拉升往往是对阻力位置发出的试探性挑战，即试探性向上突破这一附近的压力。换言之，如果这种异动拉升是由于主力资金注入后出现的试探，那要是在异动拉升的过程中，盘中主动性的抛售比较稀少，持股者出现了惜售情绪。在这种情况下，股价在短期内往往会继续被向上拉升，对于短线投资者而言，这就是一次短线操作的机会。

当然，还有一种可能是，主力在出逃过程中的诱多动作。通过异动拉升来吸引场外资金的关注，诱使场外资金入场接盘。在这种情况下，不排除股价在短期内会继续被向上拉升，但这种类型的个股一旦出现下跌的话，往往也是快速下跌。短线投资者若没有把握好其中的节奏，也是很容易被套住的。

可能大家对如何判断异动拉升还存在着不解，其实我们可以这样去理解异动拉升，即股价在分时图上出现突发式的直线式拉升。

如图 5-2 所示，这是该股在半年线之下出现的异动拉升，股价在 5 月 11 日的早盘稍作整理之后直线式向上对倒冲击涨停。相对于当天的整体走势而言，这就是一种异动拉升。

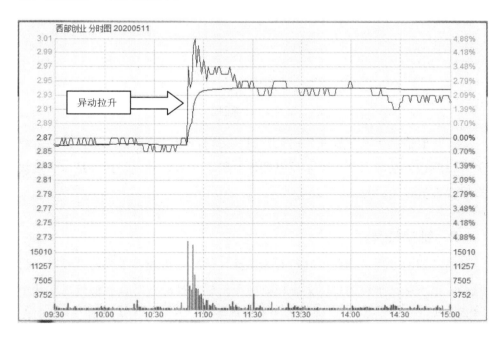

图 5-2　西部创业

如图 5-3 所示，这是该股在 2020 年 4 月 14 日冲击半年线当天的分时图，在 5 月 11 日之前也出现过一次异动拉升，而且是以直线式冲击涨停的形式呈现，从当时异动的形式来看，这是一种试探性挑战半年线阻力的异动。

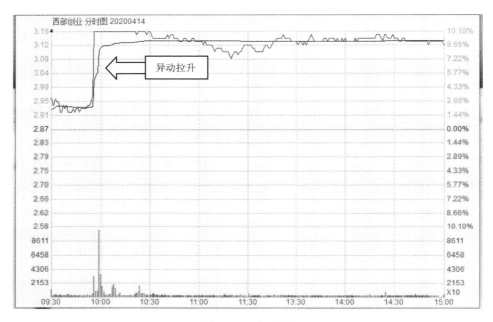

图 5-3　西部创业

在一般情况下，如果在异动拉升出现之前，股价经历了较为充分的蓄势休整，或在异动前后都出现了反复的横盘整理，那这种异动拉升是值得短线投资者去重点关注的。

2．铺垫性异动

在实战的过程，遇到异动拉升去试探性挑战半年线或年线的个股时，我们可以重点从铺垫性的角度去分析。在分析铺垫性动作时，我们可以从两个层面去解读，一是从日 K 线走势图上的铺垫性形态；二是从异动当天分时图上的铺垫动作。从图 5-4 中我们可以看到，在 5 月 11 日异动拉升之前，股价在日 K 线走势图上经历了反复的整理，这种整理从形态层面来看就是一种铺垫性动作。

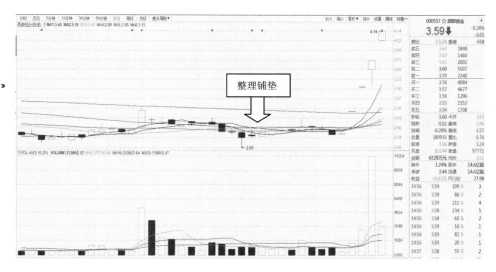

图 5-4　西部创业

从技术层面来看，这种铺垫其实也是对 4 月 14 日这根大阳线的技术性回撤修正，而且在整个整理的过程中，成交量也呈现出明显萎缩的状态。对于这种形式的铺垫，如果在整理的过程中较为频繁地出现压制（压大卖单）的迹象，或突发性向下对倒的动作，但对倒之后并未引发恐慌性的抛售。那这种情况下出现的异动拉升就值得我们重点跟踪，这个过程中的整理往往是一种蓄势动作，而随后出现的异动拉升往往是在试探性启动，如果在异动拉升的过程中或拉升之后盘中的浮动筹码比较稀少的话，那股价在短期内启动上攻行情往往就是大概率事件。

另外，在异动拉升当天的分时图上也会有铺垫性动作出现，一般会以横盘的形式出现。在分时图上呈现出一段时间的窄幅度震荡，成交量也呈现出明显萎缩的状态。从图 5-5 中我们可以看到，股价在 5 月 11 日出现异动拉升时，分时图上出现了震荡铺垫的动作。

3. 要点梳理

（1）护盘倾向。 有些铺垫是带有护盘倾向的，即股价在当天的分时图上出现窄幅震荡的过程中，买盘上频繁地出现挂大单（相对性大单）的现象。这里所说的相对性大单，是相对于卖盘上的委托单而言的。在一般情况下，买盘挂出来的单子比卖盘挂出来的单子多一位数的情况，就被称为"相对性大买单"。

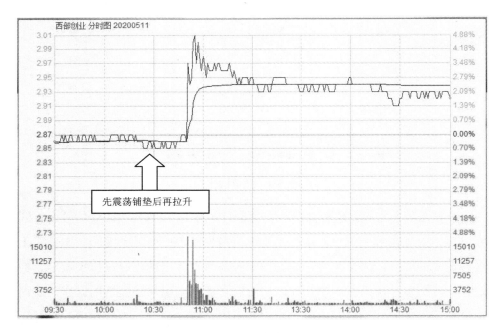

图 5-5　西部创业

若有护盘倾向的铺垫，随后出现的异动拉升往往是试探性的，有的甚至是诱多性的。如果在异动拉升之前的一段时间里（日 K 线走势图中），频繁有护盘动作出现，且卖盘上几乎不会有大卖单挂出的话。在这种情况下出现的异动拉升，往往是难以在短期内真正走出一波行情的。换言之，短暂的异动拉升之后，股价大概率会再次进入调整阶段运行。对于短线投资者而言，遇到这种类型的个股尽量不要参与操作。

（2）**压盘倾向**。有些铺垫是带有压盘倾向的，即股价在当天的分时图上震荡的过程中，卖盘上频繁地出现挂大单（相对性大单）的现象。

如果在有压盘铺垫的情况下出现异动拉升，并有题材概念的叠加，那往往预示着股价会走出一波脉冲式的行情（即阶段性拉升的行情），或者是在主力资金注入之后，经历一段时间的筑底洗盘后开始试着向上拉升，以测试场外资金的入场情绪。如果在异动拉升当天的分时图上，以及在日 K 线走势图上的铺垫整理过程中，盘中频繁出现压盘的迹象，那这种类型的异动拉升就值得短线投资者密切关注，如果在异动拉升之后（尤其是在再次整理之后），盘中的主动性买单较为积极，股价呈现出稳步上攻，那短线投资者就可以适当入场参与。

（3）缩量再整理。在异动拉升之后，如果股价再次出现回落整理，无论是分时图上的回落整理，还是日 K 线走势图上呈现出来的反复性整理，整理过程中的盘面细节导向也是非常关键的。如果是因主力资金注入而出现的异动拉升，那再次回落整理其实就是继续清洗盘面浮动筹码的一个阶段。

1）关注成交量的变化，如果呈现出明显的萎缩或逐步的萎缩，同时这种萎缩并非伴随一路护盘的动作。那往往预示着股价在整理的过程中，盘中的筹码较为稳健。

2）关注是否有较为频繁的压制性动作，比如频繁的压大卖单或较为频繁地出现向下对倒的动作。如果出现了压制性动作，且在整个回落整理的过程中，股价的波动幅度非常有限，同时成交量也呈现出明显的萎缩状态，那就值得投资者密切关注。

如图 5-6 所示，该股当时在异动拉升之后再次出现了回落整理，且成交量也出现了较为明显的萎缩。

（4）打压探底。对于在阻力位附近出现的异动拉升，如果是有主力资金注入，那在异动拉升前后，盘面上往往会出现打压探底的动作，在日 K 线走势图上一般会出现带长长的下影线，或大幅度低开高走的 K 线形态。如果是以收下影线的形态来探底的，那当时股价的下挫往往是被向下对倒单打压下去的，分时图上会呈现出直线式的下挫。如果是以大幅度低开高走的形式来探底的，一般会在卖盘上频繁挂出大卖单，股价的回升也是逐步震荡回升的。

当然，有些时候盘中也会出现向上对倒，但股价主要是以逐步震荡上行的形式回升的。

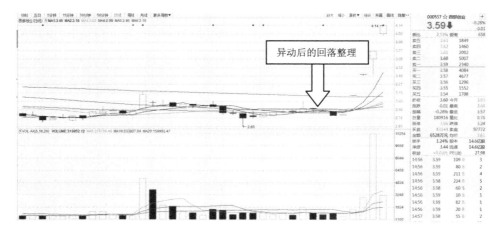

图 5-6　西部创业

如图 5-7 所示，该股在异动拉升之前就出现了下影探底的走势。对于下影探底的走势，最关键的是观察股价的下探是不是被打压下去的。另外，还要

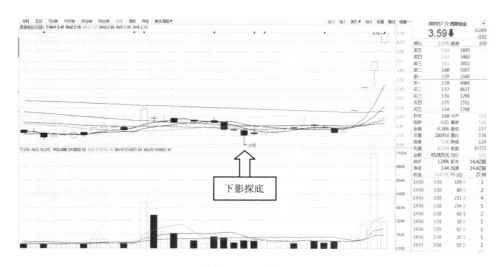

图 5-7　西部创业

重点观察股价下挫之后盘中的筹码是否较为稳定，即主动性抛售较为稀少。只有在打压的情况下出现探底，以及在探底的过程中主动性抛售较为稀少的前提下，后市股价才有可能在短期内迎来一轮上攻行情。

在跟盘分析的过程中，我们需要侧重分析盘面细节上的动态，不能仅仅看着走势形态的表面做出判断。如果盘中的筹码较为松动，即便形态上做出了攻击的走势，这种攻击也是短暂的，在操作上是难以把握其节奏的。

如图 5-8 所示，该股当时在下影探底的过程中，股价是被向下对倒单打压下去的，在分时图上呈现出直线式的下挫。

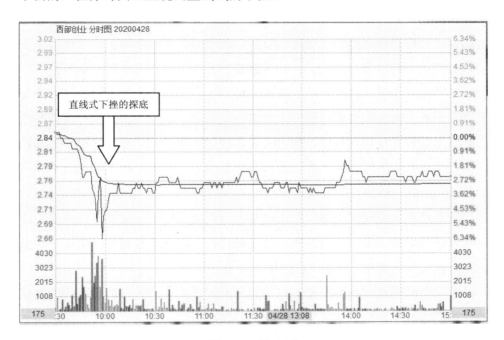

图 5-8　西部创业

（5）控盘程度。在这一层面上的分析观察也较为关键，一是控盘程度会直接影响随后股价能够继续向上涨多高；二是牵涉接下来的股价择向，即异动拉升后是继续向上，还是先向下打压，调整一段时间后再选择向上。

如果主力控盘程度较高的话，那在股价触底之前成交量往往会有一个从放大到萎缩的过程，即从放量下挫到缩量下跌或缩量企稳的过程。而且在成交量放大的过程中，释放出来的量主要是由于盘中出现的向下对倒单导致的，但只要盘中不再出现对倒单时，说明主动性的抛售是比较稀少的。这就预示着盘中的下跌动能是相对有限的。

而在从放大切换到萎缩的过程中，如果主力控盘程度比较高的话，那卖盘上往往会较为频繁地挂出大手笔的卖单，但整个过程中主动性的抛售依旧比较稀少。换言之，在有大卖单压制的状态下，盘中出现了惜售现象。

另外，对于主力高度控盘的个股而言，在触底回升的过程中也会有较为明显的盘面特征，即在触底回升的过程中分时图上时不时会出现直线式下挫的动作，而后再以震荡向上的形式收升，或者回升到一定程度之后再次出现横盘震荡的走势（分时图上）或较为频繁地在卖盘上挂大单来压制股价，但股价能够顶着压单（挂出来的大卖单）逐步向上回升。当然，有些主力控盘程度较高的个股在回升的过程中，股价会反复留下长长的上影线，但在收出上影线之后的几个交易日中，股价又会逐步向上攀升"填补"这根上影线。在向上"填补"的过程中，股价的攀升也是较为自然的，即在买盘上不会有护盘动作出现，即便有也是偶尔出现。

这个过程中出现的上影线往往也是主力采用对倒的手法故意做出来的，而非市场的本意。其目的就是测试市场对这根上影线是否有恐慌情绪，而随后的自然回升"填补"则反映出情绪上并未出现恐慌。

对于直接触底回升的个股，当其回升到重要的技术压力位附近时出现异动拉升的情况，如果确定了主力控盘程度较高的话，那就值得投资者密切关注。在这种情况下，如果在异动冲击半年线或年线的过程中，股价运行表现得较为稳健的话，投资者就可以适当地参与。

4．风险回避

（1）谨慎大幅高开。 对于这种直接触底后，股价回升到重要的技术压力位置附近时出现的突发性异动拉升，如果异动拉升当天或异动之后紧接着出现大幅度高开的走势，那短线投资者是不宜追涨的。

如图 5-9 所示的广百股份（002187），该股于 2020 年 4 月 27 日以涨停的形式出现异动拉升，接下来的第二个交易日就呈现出大幅度高开低走的现象，对于短线投资者而言，此时不应急于追涨。

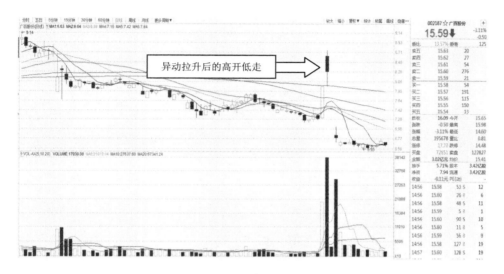

图 5-9　广百股份

对于短线投资者而言，如果一开盘后直接去追涨，尤其是重仓追涨，那这种模式下的短线操作就要承受相对较大的风险。该股在 4 月 27 日异动涨停之前，股价呈现出了一段时间的缩量下跌，如果这种缩量是股价经历长期下跌之后，有主力资金注入且已经达到了较高的控盘程度，那随后的异动涨停应是果断地牢牢封在涨停板上。但从图 5-10 上我们可以看到，当天在股价涨停的过程中，涨停板被反复打开，这至少预示着涨停意愿不是很坚定，或涨停之后盘中出现了较为明显的抛售。

涨停当天的成交量呈现出明显放大的情况，且当天的股价并不是以逐步震荡上行的形式封住涨停的。换言之，当天释放出来的成交量并不是由于"进量"的增加所导致的，主要是向上对倒的量以及涨停之后所释放出来的量。这种情况下的放量反而需要投资者谨慎对待，不能单纯认为是量价配合的表现。

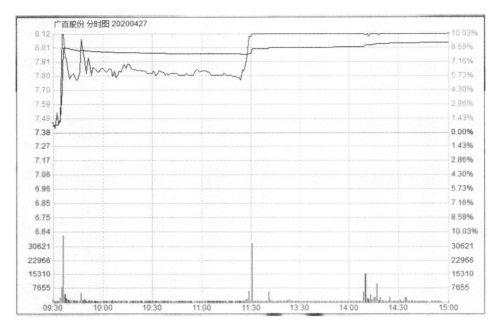

图 5-10　广百股份

如果当时经历下跌之后，有主力资金注入建仓且已经达到了一定程度的控盘，那用较少的量就能将股价封住涨停，应该呈现出缩量涨停才对的。换言之，如果这种放量涨停并非是因为吸引了场外资金的积极注入，而在当天的分时图上呈现出逐步向上震荡的形式封涨停，那至少预示着盘中的筹码并不是很集中。在这种情况下，如果当时的股价距离重要的压力位的空间相对有限，那短线投资者是不宜轻易入场参与的。

（2）异动不等于立刻承接。对于盘面出现异动拉升的走势，不能简单地认为异动拉升就一定是主力准备启动一波行情的信号有些时候，异动拉升只是一种扰动的走势，或者只是一次试探性测试盘面反应的动作而已，并不等于随后股价就一定会在短期内出现承接上涨行情。

短线投资者遇到这种直接触底回升后的异动拉升时，首先要从意识层面提高自身的高度，在操作上不宜只盯着股价异动拉升的表面信息，而应深入解读盘面的细节。挖掘异动拉升背后的逻辑，并结合当时的大盘走势以及该板块题材上的动态来制定攻防策略。

5．操作策略

面对同一只个股，不同的操作策略带来的结果往往也是不同的。无论是中长线操作，还是短线操作，其操作策略都是非常重要的。绝大部分的散户在短线操作的过程中，只要碰到个股在某一天里出来表现了，就会抵挡不住诱惑而重仓压上。可往往当我们重仓压上的时候，战局并不会像前期预计的那么顺利，很有可能会朝着反方向运行。在这种情况下，当我们的资金全部陷进去后，就等于失去了主动的局面，若股价不涨反跌的话，投资的心态就会发生绝对性的变化。

即便我们知道股价下跌到一定程度之后是很好的补仓时机，但由于手中已无"子弹"，也就只能看着这种机会流失。对于这种类型的异动走势，在短线操作上我们可以根据以下几个策略来布局。

（1）轻装上阵，进退自如。对于直接触底回升之后出现的异动拉升，尤其是在冲击重要的技术压力位时出现的异动拉升，股价往往不一定会继续向上拓展空间。有些时候，即便是有主力资金注入，也很有可能会先出现调整的走势。当然，有些时候也会直接进入逐步攀升的阶段运行。在这种情况下，短线投资者就可以采用分仓的形式对其进行布局。但前提必须是我们已经判断出这种异动走势是由主力资金注入而导致的，而且在此之前股价的涨幅并不大。

如图 5-11 所示的广州港（601228），该股于 2020 年 6 月 19 日出现异动拉升，冲击半年线附近的阻力。但在当天受阻回落后，股价并没有立刻继续上攻，而是稍作回撤整理后再次启动向上突破的走势。短线投资者，如果在异动拉升的当天就重仓出击，即便大概率上确定了在之前股价经历了一定程度的蓄势整理，而一旦重仓买在当天冲高的最高点，在随后股价回落的过程中，大部分投资者心理上也是难以承受的。

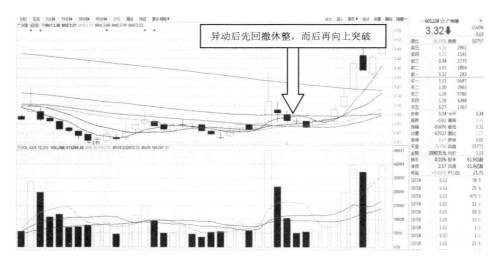

异动后先回撤休整，而后再向上突破

图 5-11　广州港

对于该股而言，如果我们当时是以试探性的仓位去参与，随后的走势继续维持稳健地向上突破，再去加仓，至少能让我们处于相对主动的局面，即便随后股价出现回落，也不至于让自己恐慌。而一旦确定随后的回落是正常的一种休整，那在出现企稳后也可以较为轻松地去逐步加仓。

在采用这种策略操作的过程中，我们要注意以下盘面细节。

1）主动性抛压不能过多。如果在出现异动拉升的当天，股价在回落的过程中出现了大量的主动性抛压，即出现了大量的主动性卖单的话，那至少预示着持股者出现了恐慌，或者盘中存在较多的浮动筹码。在这种情况下，即便在接下来的两三个交易日里股价依旧呈现出逐步向上攀升的走势，但往往也会在攀升之后出现快速的杀跌，主力会以这种形式来清洗盘中的浮动筹码。

对于短线投资者而言，在这种情况下应该先观望，此时不要急于入场参与操作，耐心等待股价再次向上发力时再做决定。实战经验不是很丰富的投资者可能无法深入理解异动当天盘中的抛压情况，无法快速判断股价在回落的过程中，是被主动性卖单压制下来的还是被盘中出现的故意对倒单打压下来的。

在实盘中我们可以这样去判断，如果在股价异动冲高的过程中，盘中不断有持续性的卖单涌现，这些卖单都是以买盘上的价格成交的，并且都是以小单的形式成交的。那出现这种现象往往预示着盘中的主动性抛压比较沉重。换言之，股价的冲高主要是被盘中出现的向上对倒单拉上去的。同样，在股价异动冲高之后出现回落的过程中，如果盘中出现了持续以卖单上的价格直接成交的单子，而且是以小单的形式成交的，那就预示着股价的回落是被盘中出现的主动性卖单压制下来的，即预示着盘中的抛压较为沉重。

有些个股在异动冲高的当天，分时图上会呈现出横盘震荡的走势格局，要么是在拉升之前出现横盘震荡，要么就是在当天冲高回落之后出现横盘震荡。当然，也有在异动拉升前后都出现横盘震荡的走势。

在这种情况下，一是关注横盘过程中成交量上的变化，如果剔除掉对倒拉升的量之后，在当天释放出来的量中震荡过程中的量占据大部分，同时又是向下成交的量比较多（主动性卖出的量），且当天整体的成交量呈现明显放大的状态。如果出现这种迹象，那短线投资者当天不宜入场参与，这种形式的放量至少预示着盘中的浮动筹码较多，后市股价大概率上会出现整理。

二是关注当天分时图上出现横盘过程中挂单的动态。如果在震荡整理的过程中，买盘上持续出现挂大单的现象，且在这个过程中主动性抛售又比较明显，那即便当天或接下来的一两个交易日中再次出现异动拉升，投资者也不要轻易入场，这往往也是试探性拉升，异动之后再次出现整理甚至是快速回落继续寻底将是大概率事件。

反之，如果在分时图上横盘的过程中，卖盘上频繁挂大单压制股价，同时这个过程中主动性的抛售非常稀少，这往往预示着锁盘程度较高，后市股价大概率会出现继续向上突破的行情。在这种情况下，短线投资者应密切关注股价的动态，如再次启动则可适当入场参与短线操作。

如图 5-12 所示，这是该股出现异动拉升时的分时图，在异动前后都出现了横盘的走势，横盘过程中的迹象是我们分析的重点。今后遇到这种类型的个股时，投资者可参考上面谈及的两个层面上的导向去深入分析。

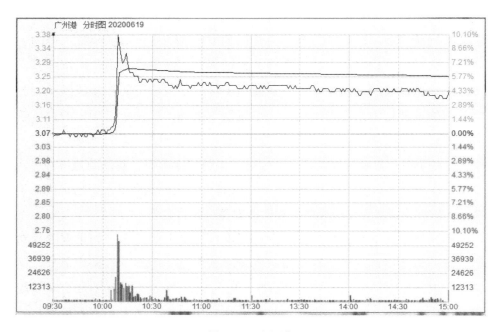

图 5-12　广州港

2）萎缩式回落。这里所说的萎缩式回落，是指在异动冲高后的第二个交易日或者是在接下来的几个交易日里，股价出现了回落整理的走势，且这个过程中的成交量必须呈现出明显萎缩的状态，即这个过程中主动性的抛压非常稀少。当然，如果是刻意向下对倒所释放出来的量而促使成交量放大的情况除外。反之，如果在回落整理的过程中不断有主动性卖单涌现，从而导致这个过程中的成交量呈现出明显的放大，那此时最好的操作策略就是等待，等待股价经过回落整理之后，再次向上发力启动时再去考虑是否要入场参与操作。

如果在回落过程中，盘中的浮动筹码较多，即便出现了逐步回升，后市股价往往也会有一个比较大的调整动作。短线投资经验不是很丰富的投资者比较难把握其中的操作节奏。

对于异动冲高后，在日 K 线走势图上呈现出回落的走势，短线投资者要深入分析股价回落休整过程中筹码的集中程度。如果筹码较为松动，即回落休整过程中不断有主动性的筹码抛售，导致这个过程中的成交量无法维持萎缩的状态。那在操作上就不要过于躁动，应先以观望为主。

从图 3-13 中我们可以看到，该股当时在回落的过程中成交量呈现出较为明显的萎缩。如果在成交量萎缩的过程中，盘面上并无明显的护盘动作，那短线投资者则可以在股价企稳的过程中先轻仓试探入场，待其随后确定能呈现出较为稳定的回升后再考虑加仓。

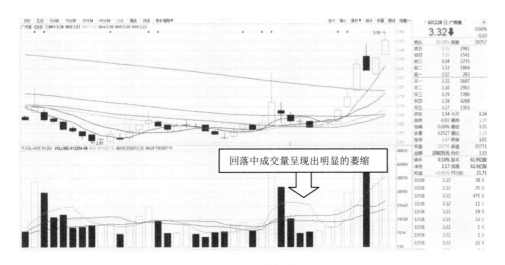

回落中成交量呈现出明显的萎缩

图 5-13　广州港

3）不能频繁地出现下托单。如果在股价逐步回升的过程中出现了下托单，而且在卖盘上挂出来的都是一些零散的小单，那此时也不能急于买进。理由很简单，因为股价的回升是由于买盘上出现了下托单的缘故，有主力故意干涉的成分，而非真正的市场行为。一旦这些下托单被撤掉之后，股价就会出现向下的波动。看见这种下托单时应该先以观望为主，等到后市股价真正走稳后，再分仓入场买进。

或许有投资者会思考，如果在回升的过程中卖盘上出现了大手笔的卖单，那在具体的操作中又该如何去应对呢？这种现象其实就是我们通常所说的上压单，即在卖盘上的某个价位上或者在多个价位上挂上大手笔的卖单。这种压单给人一种卖盘沉重的感觉，而实际上却是主力故意挂上去的。

如果在异动拉升之后的逐步回升中出现了这种压单的现象，短线投资者同样可以采用轻仓操作的策略来应对。一旦压单被撤销后，股价开始加速拉升时就可以考虑加仓买进。轻仓布局的操作模式的主要优势在于不会让自己处于被动局面，由于是轻仓布局操作，即便股价在回升的过程中突然调头向下整理也不至于让自己心慌，并且可以在股价回落整理的过程中见机补仓，能有效地降低短线操作的风险。

（2）快速回落，企稳出击。 有些个股以异动拉升的走势向上冲击半年线或年线等重要技术压力位后，往往会出现一波快速回落的行情。对于这种快速回落的动作，如果是主力刻意打压而导致的，那对于短线投资者来说也是一次入场的机会，即在快速回落之后出现企稳时会提供一个入场的机会。

在投资这种类型的个股时，一是要确认盘面上有较为清晰的主力资金注入的迹象；二是要确认快速回落的过程中，股价的下挫主要是由于盘中出现了较为明显的刻意性对倒打压，或频繁出现压大卖单的现象；三是要确认在股价下挫的过程中，盘中的主动性抛压较为稀少，即整体的成交量呈现出明显萎缩的状态。

如图 5-14 所示的合兴包装（002228），该股在异动冲击半年线后于 2020 年 4 月底出现一波快速的回落，且在快速回落的过程中，成交量呈现出逐步萎缩的状态。股价在经历快速回落之后，便走出了一波上攻的行情。短线投资者，在这种情况下可以适当地入场参与。

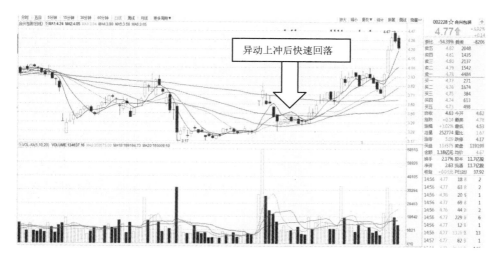

异动上冲后快速回落

图 5-14 合兴包装

6. 注意细节

并不是说所有快速回落的现象都可以作为短线投资者出击的时机，采用这种策略来操作是有前提的。在具体操作的过程中，我们需要注意以下几点。

（1）量无有效放大。 这里所说的量无有效放大，是指股价在快速回落的过程中，成交量整体上并未因主动性抛售较为沉重的而放大。当然，刚开始回落的首个交易日中，成交量可以呈现出放大的状态，但这种放大主要是由于盘中出现了较为频繁的向下对倒单而导致的（即当天所释放出来的成交量中，大部分都是主力刻意向下对倒所产生的量）。

如果由于盘中出现了大量的向下对倒单，而导致当天的成交量出现明显的放大，这种放大并不属于我们说的有效放大，因为这种成交量并不是市场本身释放出来的。反之，如果在股价快速回落当天，盘中不断有主动性卖单涌现，从而导致当天的成交量呈现出明显的放大，那此时投资者就要注意，这至少意味着盘中的浮动筹码比较多。在这种情况下，主力往往会对盘面进行清洗，这样一来股价很有可能会继续下探。

（2）呈现出直线式的下挫。 股价在快速回落的过程中，在分时图上最好呈现出直线式的下挫，下挫的速度越快越好，下挫的幅度越大越好。这意味着下挫是被主力故意打压下去的，一般情况下打压越凶悍，后市股价回升的幅度就越大，而且回升的速度也会越快，短线投资者所获得的利润也就越高，并且需要的时间也会越短。

还有一种回落的形式，那就是在有频繁压盘的状态下呈现出震荡回落，但成交量整体上呈现出明显的萎缩状态。在整个回落的过程中，盘面上的主动性抛压并不是很沉重，股价的回落主要是因为主力采用压盘的手法将股价"压下去"，股价在分时图上虽然是以单边震荡的形式回落的，但这种回落并非是自然回落，而是被迫回落。

如果在随后的走势中，股价能够呈现出明显的企稳状态，且开始向上"吃掉"原本挂出来的大单，或这些大单被直接撤掉，股价呈现出回升的走势，那短线投资者便可适当入场参与。

在一般情况下，低位出现异动冲高走势时，如果场外资金的进入不是很积极的话，所带来的往往是一波较短暂的冲击行情。短线投资者需要把握好操作节奏，如果在股价缩量回落之后入场买进，那一旦股价再次向上冲击半年线的阻力时无法一举突破的话，最好先离场获利了结。

需要注意的是，有些异动是需要等待的，即有些个股在低位区域出现异动拉升之后，并不会立刻启动行情，有的甚至会经过数月的整理后才会有动静。面对这种类型的异动，短线投资者需要耐心地观察股价的后期走势，从股价运行的迹象上确定主力启动加速拉升的时机，这样才能在股价加速启动的过程中及时入场跟进。

对于短线投资者而言，在确定异动的个股之后也要静下心来跟踪盘面，短线投资者的工作并非只是交易那么简单，需要付出精力去跟踪盘面，最终确定出击的机会。

如果在股价刚刚突破半年线或年线的第二个交易日中，出现早盘冲高回落式的异动拉升，那短线投资者就不宜急于入场参与，这种异动往往仅是象征性的承接，随后股价再现调整往往是大概率事件。

二、出击有效的突破

在短线的操作过程中，如果我们能够捕捉到那些有准备的向上突破（有蓄势铺垫性的突破），从短期收益的角度来看也是相当可观的。

如图 5-15 所示的岭南控股（000524），该股于 2020 年 7 月初形成了一次有效突破半年线的走势，在冲击半年线的过程中呈现出相对温和的走势，突破之后便走出了一波快速拉升的行情。对于短线投资者而言，突破是针对阻力的，即股价在运行的过程中会碰到各种阻力位。在一般情况下，这些阻力位或多或少会对股价的继续上涨带来负面的影响，也就是我们所说的阻碍股价继续上涨。

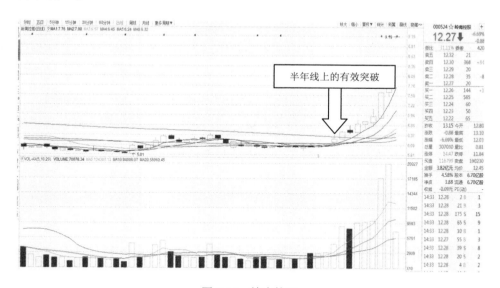

图 5-15　岭南控股

既然如此，那短线投资者在实际操作过程中，就要特别注意这种阻碍是否能被买方有效攻破。如果买方比较消极，那短线投资者就不能急于参与，在股价突破后没有走稳之前都不要轻易入场。

1. 观察导向

对于这种类型的操作，最关键的就是判断突破过程中的有效性，我总结了以下盘面观察导向的经验，仅供大家在实战过程中参考。

（1）是否源于消息刺激。 突发性的消息往往会导致股价在运行的过程中出现反常的走势，在消息的刺激之下会股价出现大幅度的拉升或者大幅度的下挫。个股出现了向上突破的动作时，短线投资者要立刻想到该股是不是受到了利好消息的刺激。如果是由于利好消息的刺激而出现的突破，那在分析的过程中就不能完全依赖盘面上的动态去分析。

在这种情况下，我们要把分析的重点放在消息上，即全面分析这种利好消息是否能构成真正意义上的利好。如果这个消息对该股而言并不能构成真正意义上的实质性利好，那股价的突破往往是短暂的，投资者就要注意把握节奏。新手应尽量少参与操作，因为这种类型的突破来得快去得也快。

如果这种利好消息对该股而言确实是实质性的利好，那此时就要观察此前股价是不是已经被拉高过，如果是的话，那就意味利好消息已经被提前释放了（即我们通常所说的利好落地），那在这种情况下的突破也是短暂的，同样不能轻易参与操作。反之，如果在此之前股价并没有被拉高，那这种实质性的利好一般都会促使股价走出一波上涨行情，此时投资者就可以适当入场参与。

当然，在对消息进行分析的时候，投资者需要具备一定的经济知识，需要了解哪些基本面上的因素会影响上市公司的股价走势。其实，投资者要想在股市中生存下去，必须懂点经济，经济走向才是影响股市走向的风向标。

（2）所处位置的确定。 我们这里谈及的突破，主要是指股价处于低位区域或者是在相对低位区域运行时出现的突破。在一般情况下，股价在低位区域运行时出现了向上突破的走势时，意味着后市股价有望迎来一波反转或者是反弹的行情。

短线投资者在分析突破类型的个股时，可以从股价当时所处的位置入手。在出现突破走势之前，股价下跌的幅度越大，后市股价出现反转或者是反弹的可能性以及力度就会越大。

这一点应该比较好理解，如果股价出现了一波长期下跌而且是大幅度下跌的行情，盘中下跌的能量就会被逐步释放出来，同时也会吸引场外资金入场抄底，而且主力在建仓的过程中也会青睐这种类型的个股。反之，如果在出现这种突破的走势之前，股价已经出现了比较大幅度的上涨，那短线投资者就要综合其他的盘面迹象来对其进行分析，不能急于在形成突破的当天入场买进。在这种情况下出现的突破往往会有一个回头确认的动作，一旦买早了就会导致短期内被套其中。虽然从中长期的角度来看依然有盈利空间，但会影响短线投资者的心态，特别是新手投资者。

（3）蓄势要充分。股价在形成突破之前，需要有一个较为充分的蓄势过程，要么是经历过明显的横盘，要么是经历了反复的箱体震荡。从量能层面而言，在蓄势的过程中，成交量会有一个明显的萎缩过程，甚至是极度萎缩的过程。当然，刻意对倒打压而促使成交量出现放大的情况除外。

从技术层面和心理层面而言，在重要的技术压力附近，如果股价经历了较为充分的整理蓄势，在后续冲关的过程中，场外资金的入场积极性往往较高。换言之，股价经历了较为充分的蓄势整理之后，压力区域附近的浮动筹码被消化的程度就越大，后续形成有效突破的可能性就越大。

从图 5-16 中我们可以看到，该股在 2020 年 7 月初形成突破之前，股价在半年线以下经历了反复的整理，且在这之前的 4 月出现过一次连续大阳线的突破，但很快又再现回撤。

对于这种类型的突破，其实是相对较容易分析的。一是在此前已经出现过一次突破半年线的动作，如果当时的突破是带有试探性的话，那在突破的过程中往往会反复地向上对倒，促使股价在分时图上呈现直线式的拉升，并且在卖盘上较为频繁地挂出大手笔的单子，以此来测试盘中浮动筹码的状态。当然，也有可能在突破的过程中，股价先是以逐步震荡的形式向上拉升，在当天拉升到一定幅度之后，卖盘上就会频繁出现挂大单的动作或者直接向下对倒打压。

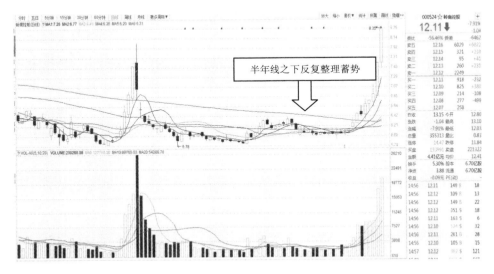

图 5-16　岭南控股

其实，从做盘手法而言，这也是一种测试盘中浮动筹码的手段。在试探性冲关之后的回落过程中，甚至是回落之后复整理的过程中，依然会较频繁出现异动打压或拉升动作，但异动过后股价依然能维持平静的走势，成交量呈现出萎缩的状态。如果出现这些迹象，那基本上可以确定这一过程中的整理蓄势是较为充分的，随后的突破往往就是有效的。

（4）突破当天的盘面迹象。这里所说的突破当天的盘面迹象，是指股价形成突破的当天在分时图上呈现出现来的盘面迹象，这些迹象包括分时走势图的轨迹、委托盘上的挂单情况以及买方和卖方之间的动态变化情况等。

这些迹象也是我们通常说的盘口语言。在股价形成突破的过程中，我们可以通过盘口言语来研究突破是否能迎来继续上涨的行情。从突破过程中的盘口语言上不仅可以解读出突破的力度，还可以解读出卖方的抵抗意志以及突破的内在因素。如果我们能将这些信息解读出来，那在判断股价的后期走势方向时就会轻松许多。在分析的过程中，我们可以从以下几个方面入手去解读。

1）股价运行是否畅通。在向上形成突的当天，股价在分时图上的走势轨迹越流畅越好，流畅就是指股价在向上攀升的过程中走势比较坚挺。股价在当天分时图上的走势流畅预示着盘中的抛压很轻，同时也预示着当时买方的意志很坚定，否则股价在当天运行的过程中就会反复受到卖方抛压的阻力。

如图 5-17 所示，该股在分时图上的走势比较流畅，每次拉升都是比较"爽快的"。虽然股价在午后出现了一波回落，但这种回落是被对倒单打压下来的，且随后在分时图上依然能维持当天在分时图的均线之上横盘震荡。

图 5-17　岭南控股

如果股价在重要技术压力位置上出现了突破的走势，在突破的当天股价在分时图上呈现出类似该股的走势，甚至在当天的走势中，分时图中一直都呈现出逐步震荡向上的状态。那至少预示着这个压力位置附近的抛压并不是很沉重,此时短线投资者就应该将其纳入重点关注的目标个股进行跟踪,寻找入场的机会。当然,有些个股在突破的过程中并不一定会呈现出较为好看的走势迹象,但是后市股价依旧会走出一波上涨行情,这就需要结合当时盘面的挂单现象以及买单和卖单的情况来综合分析,我会在接下来的讲解中为大家详细阐述。

除此之外,在突破当天股价还经常会出现阶梯式的向上拉升,这种走势也是较为普遍的。如图 5-18 所示的安徽建工(600502),该股在 2020 年 7 月 2 日冲击半年线时就是以这种形式呈现的。短线投资者看见这种类型的突破时,在分析的过程中应该把分析的重点放在股价整理的阶段以及拉升阶段的盘面动态上。

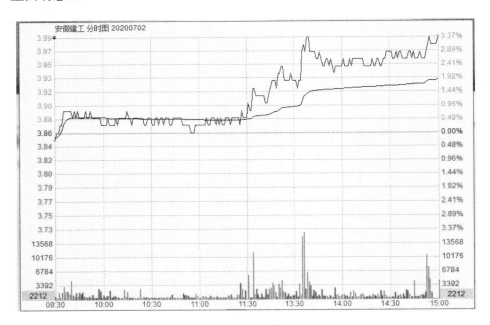

图 5-18　安徽建工

如果股价在整理的过程中(分时图上的整理),成交量呈现出明显的萎缩,即在股价整理的过程中很少有主动性卖单涌现。同时在拉升的过程中主动性买单比较积极，甚至会出现对倒单快速拉升的现象。出现这些迹象时，短线投资者就应该将该股锁定，一旦在接下来的第二天股价能够继续走强，而且综合前面我们所讲的这些分析要点判断出这种突破是有效的突破，那就可以适当入场参与操作。如图 5-19 所示，该股随后走出了一波较为强劲的上攻行情。

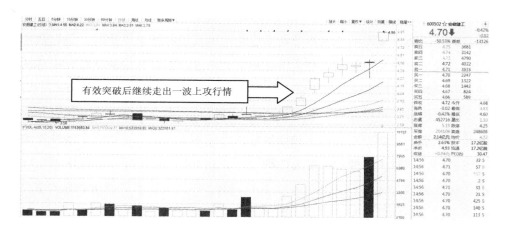

图 5-19　安徽建工

如果股价在分时图上出现整理的过程中，成交量呈现出明显的放大，而且成交量的放大是由于盘中出现了大量的主动性卖单而导致的。在这种情况下，短线投资者就不要急于入场买进。这预示着盘中持股者的持股信心有所动摇，在股价停滞不前的过程中持股者在不断往外抛售筹码。短线投资者此时应该耐心等待，观望股价在接下来的几个交易日中的表现。如果在接下来的几个交易日中买方能够继续做多，投资者再考虑入场参与。

2）挂单上的动作。股价在形成突破走势当天的挂单情况也很重要，从挂单上我们可以解读出买卖双方较量背后的动机，同时这也是盘口语言中的重要信息之一，我们可以通过挂单动作进一步了解主力的真正意图。

有一定经验的投资者应该知道，股价的上涨有时候是被主力刻意推高的，而非真正的市场意愿。如果是被主力刻意推高，同时又没有吸引场外资金的配合，那这种上涨就难以持续。短线投资者要在第一时间判断出股价上涨的真正原因是什么，而实盘中的挂单现象就是判断股价上涨原因的方法之一，并且也是一种较为直接的方法。

股价在形成突破走势的当天，在挂单上通常会出现三种形式。

第一种挂单形式是在买盘上会频繁出现大手笔的买单，而且大部分是在买一或者是买二的价位上挂出的。但是卖盘上挂出来的却是一些零散的小单，并且时不时会出现向上的对倒单拉升股价。出现这种挂单现象时，我们基本上可以确定挂在买盘上的那些大单都是主力故意为之，其目的就是要引诱场外资金入场，同时测试场外投资者的跟风情况。

看见这种挂单现象时，短线投资者要把分析的重点放在观察场外资金流入是否积极上，如果在买盘上频繁地挂出大手笔买单后，不断有主动性买单吃进筹码，同时主动性卖单非常的稀少，并且当时股价是处于低位区域运行的（从日 K 线走势图上可以看出）。在这种情况下，如果股价在接下来的第二个交易日中能够继续走强的话，那短线投资者就可以适当入场参与操作。虽然股价在当天的上涨有主力故意干涉的成分，但是得到场外资金的配合，这种配合大概率上会促使股价继续向上拓展行情。

反之，如果在挂出大手笔的买单之后，很少有主动性买单跟进，股价的拉升基本上是被盘中出现的向上对倒单拉升上去的。在这种情况下，短线投资者就不能急于入场参与操作，因为此时并没有得到场外资金的配合，股价的上涨基本上都是主力在"表演"。那这种突破往往会告一段落，后市股价直接走出一波继续上涨的行情的可能性比较小。一般情况下，主力都会让股价进入整理阶段运行。

第二种挂单形式是在形成突破当天的走势过程中，不断有大手笔的卖单挂出，并且在大部分情况下，这些大卖单是挂在卖二或者是卖三的价位上。毫无疑问，这些大卖单都是主力故意挂上去的，其真正目的并不是想卖出，如果主力想卖出的话，那肯定不会直接挂出大手笔的卖单，这样就等于直接告诉散户他在抛售了。

　　同样的道理，这些大卖单也不可能是散户挂上去的，散户如果想卖出的话，一般都是比较心急的，而且当他们看到这个价位上已经挂出了不少卖单时，一般都不会再继续挂在这个价位上等待成交。

　　短线投资者在遇到股价形成突破当天出现了这种挂单的形式时，只要抓住当时盘面上是否引发了恐慌性抛压这一点就可以。如果在挂出大手笔的卖单之后，盘中依旧很少出现主动性抛盘，同时股价并没有受到大卖单的压制，反而呈现出逐步向上攀升的走势，有的甚至出现强劲的攀升。在这种情况下，一旦原本挂出来的大手笔卖单被撤掉或者是被一一对倒掉后，短线投资者就可以入场参与操作。当然，前提是当时的股价是处于低位区域运行的，而且在形成突破之后的反弹幅度并不是很大。

　　反之，如果在挂出大卖单后，盘中不断有主动性卖单涌现，股价的上涨明显受到阻力，这预示着盘中出现了一定程度的恐慌。在这种情况下，短线投资者应该以观望为主，等待股价在接下来的一两个交易日中确认能够继续走强后再入场参与操作。

　　虽然恐慌性的抛压对股价的长期走势影响不大，但是一旦这种恐慌效应被集中释放，那必将会给股价的短期走势带来冲击，有些甚至会出现快速的下挫。所以，短线投资者在操作过程中也是要高度重视这种现象，不能过于冲动。

　　第三种挂单形式是在股价形成突破当天买卖盘上挂出来的都是一些零散的小单，同时股价却在不断向上攀升，盘中出现的一些零散的小买单就能将股价推上去。

　　这种挂单现象预示着盘中持股者的持股信心相当坚定，这一点从挂单以及盘中出现很少的买单上就可以将股价推高得到验证。用逆向思维就很容易验证这种结果，如果当时盘中的持股者不看好后市股价，即有抛售意愿的话，凭借着那些小买单是不可能将股价推高的，至少在这个过程中会不断有主动性卖单涌现。

　　3）受阻程度。短线投资者在实战过程中可以通过受阻程度对目标个股进行分析，如果股价在突破当天受到了较大的阻力压制，那股价往往会就此出现回落，有的甚至会引发一波调整行情。受阻过大的话，股价在短期内出现继续上涨的可能性就不大。反之，如果在突破当天股价受到的阻力并不是很大，同时买方的意志非常坚定。在这种情况下，后市股价有望走出一波继续上涨的行情，此时短线投资者就可以择机入场。

如果在突破过程中，股价的上涨主要是被向上对倒单拉升上去，即分时图上的上攻主要呈现出直线拉升，同时拉升到一定幅度之后，股价开始出现震荡或直接回落，且在震荡或回落的过程中，主动性抛售较为明显，从而促使当天的成交量出现明显的放大，基本上可以确定当时所受到的阻力较为明显，如果在接下来的一两个交易日中股价无法稳步向上继续拓展空间的话，那后市出现调整将是大概率事件。

如果在形成突破的过程中，股价的上涨主要是被主动性买单"推上去的"，即在分时图上是以稳健攀升为主的格局上行，同时在股价稍作整理的过程中主动性抛售比较稀少。尤其是在突破压力区域后的一两个交易日中，股价依旧能够较为稳健地向上攀升，而在向上攀升的过程中，主动性抛售依然比较稀少，则预示着压力区域附近的阻力较小，这个过程中的成交量放大主要是由于场外资金流入而促使的。如果突破之后股价能够继续稳健向上发力，那短线投资者可以适当入场参与。

2．操作策略

遇到有效突破时，短线投资者在操作过程中也需要注意策略，尤其是在大盘环境不太理想的状态下，要注意控制仓位，更要把控好操作节奏。在实战过程中，我总结了以下一些操作策略，在此仅供大家参考。

（1）在主动整理中埋单。有些个股运行到阻力位置附近时会出现主动整理，逐步消化阻力位置上的抛压盘后再向上形成突破，这种类型的突破也是值得短线投资者去关注的。虽然股价不一定会立刻被快速拉升，但是这种类型的个股一旦形成突破，要么就是相对稳健地逐步向上拉升，要么就是以连续强势的形式启动拉升行情。短线投资者可以在股价整理的过程中试探性先"埋"一部分单,"蹲守"随后的突破。

当然,有些个股也会在形成突破之后立刻进入横盘整理,在日K线走势图上会呈现出走势低迷的状态,成交量基本是以极度萎缩的状态呈现的。从形态来看,会给人一种立刻"熄火"的感觉。这种情况也值得短线投资者密切关注,一旦确认横盘整理是突破之后的主动蓄势,那接下来再次启动的行情,往往也会以强势的走势上攻。

如图5-20所示的四川长虹(600839),该股在2019年2月中旬向上突破半年线之前经历了一段时间的整理。当然,该股当时在整理之后还出现了一个"挖坑"的动作,而后再向上形成突破,突破之后再次出现横盘整理,反复以横盘的走势蓄势后才启动一波快速拉升的行情。

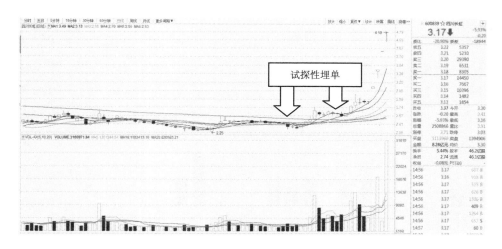

图5-20　四川长虹

短线投资者面对这种类型的个股时可以采取试探性仓位去"埋单",不宜一次性重仓入场,仓位最好控制在一至两成。

主动整理过程中的盘面迹象也很重要。在整理的过程中,如果有明显的主动性抛售(成交量呈现出放大的状态,且是由于主动性卖单促使的),那短线投资者就不能急于"埋单",关于主动性抛售较为严重的横盘整理,其后续往往还会有打压式的下跌调整。另外，看见在形成突破前出现主动整理或在突破之后立刻进入横盘整理的个股时，我们也要关注其挂单上的动态。动态盘中的挂单迹象不仅可以反映整理的真正目的，还能从中看出当时盘面抛压的程度，投资者可以此来决定是否要在横盘整理的过程中进行"埋单"。

若在主动整理的过程中，卖盘上不断挂出大手笔的卖单，而盘中的主动性卖单依旧很小，同时股价的波动幅度也非常有限，成交量也呈现出萎缩的状态。如图 5-21 所示，股价在横盘整理的过程中呈现出萎缩的状态，这种情况依然需要结合盘中的挂单动态来综合分析判断。

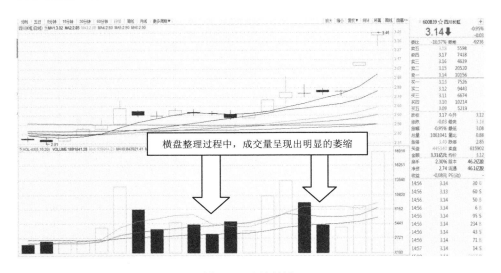

图 5-21　四川长虹

这种情况预示着盘中的浮动筹码比较稀少，否则在卖盘上挂出大卖单后必将会引发持股不坚定的投资者抛售筹码。这样一来，股价就会出现大的波动，而且主动性卖单会明显增多，成交量也会呈现出明显的放大。

如果股价在主动整理的过程中出现以上这些盘面迹象，短线投资者就应该密切关注股价的后期动态，股价向上成功突破后往往会迎来一波继续上涨的行情。反之，如果在卖盘上挂出大手笔的卖单，而且在挂出大卖单后不断有主动性的卖单涌现，导致成交量呈现出明显的放大。这种盘面迹象预示着盘中的抛压比较沉重，即浮动筹码比较多。在这种情况下，股价一般难以在短期内形成向上的拉升行情。对于这种类型的个股，短线投资者应该多看少动。

上面讲到的是在卖盘上出现的两种特殊的挂大卖单现象，同样在主动整理的过程中，买盘上也会出现挂大单的现象。如果股价在整理的过程中，买盘上不断有大手笔的买单挂出，但是股价依旧停滞不前，而且成交也很清淡。这往往预示着场外资金的注入并不是很积极，对股价的突破不是很有信心，否则在买盘上出现大手笔的买单后，主动性买单应该会出现明显的增加，并推动股价逐步攀升。短线投资者此时也不能急于入场买进，应该静观其变，等待股价向上形成突破。

如果股价经过一段时间的主动整理后，在形成突破的过程中，买盘上不断挂出大手笔的买单，而且不时出现向上对倒的现象。这种情况下，短线投资者要谨慎对待，因为这种突破是在有大买单的依托下出现的，而且是在向上对倒单的配合下形成的突破，一旦接下来的主动性买单无法跟上的话，那这种突破往往会告一段落。所以，短线投资者此时也应该先以观察为主，确认接下来的主动性买单比较积极后再入场参与操作。

（2）在有节奏的突破中轻仓买。 在突破前有蓄势整理的且在整理过程中主动性抛售较为稀少，同时在形成突破的当天股价在分时走势图上表现出明显节奏感的上攻。如图 5-22 所示，这是四川长虹（600839）在突破半年线当天的分时图，股价在突破过程中呈现阶梯式拉升，其节奏感相对明显。在这种情况下，如果在当天分时图上的整理过程中主动性抛售非常稀少，短线投资者则可在当天以轻仓入场"埋"一小部分单。

对于这种有节奏感且前期经历过较为充分蓄势整理的突破，同时在突破的过程中筹码集中度较高的个股而言，如果当时有板块的联动效应或大盘环境较好的话，往往会直接启动一波行情或稍作整理之后启动一波强势拉升的行情。

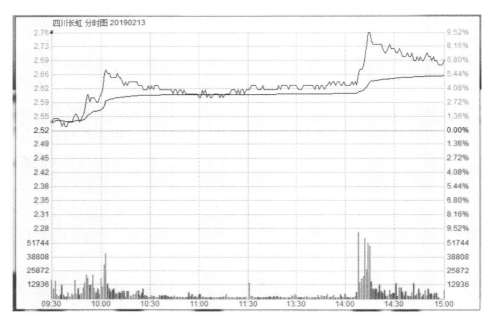

图 5-22　四川长虹

（3）在二次台阶上加仓。 有些个股在形成突破的过程及其随后的走势中，在日 K 线走势图上往往会呈现出阶梯上升的走势有些在分时图上也会呈现出阶梯式的拉升，即我们通常所说的"双台阶"式突破。股价在突破之后二次构筑台阶的过程中，如果通过盘面的迹象能够大概率确定当时的主动性抛售非常稀少的话，投资者可以在二次构筑台阶的过程中适当加仓（见图 5-23）。

（4）在加速中入场。 对于有效突破半年线的个股，有些在突破的过程会先以稳健的走势或相对缓慢攀升的走势去突破，并在突破之后继续维持小幅震荡的形式向上攀升。

投资者遇到这种类型的个股时，如果通过前期的走势迹象能够大概率确定此时的突破是有效的，那在突破之后经历缓慢攀升或稳健震荡攀升后，往往会出现加速拉升的动作。对于短线投资者而言，一旦股价出现加速拉升的迹象，则可入场参与。

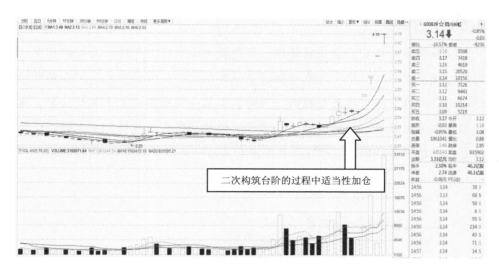

图 5-23　四川长虹

如图 5-24 所示的岭南控股（000524），该股在突破半年线之后先是逐步向上攀升，而后以一根涨停的大阳线开启了一波加速拉升行情。对于该股而言，加速拉升的当天就是一个较好的短线买点。

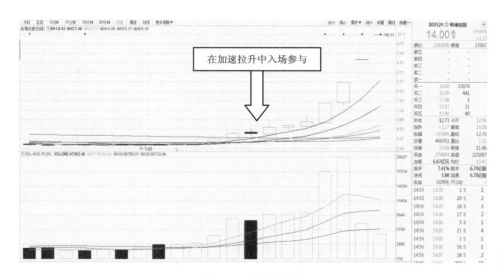

图 5-24　岭南控股

温馨提示

在加速拉升之前，盘中的筹码一定是较为集中的，即浮动筹码较稀少。同时，在突破的过程中，成交量往往是温和放大的或缩量突破。但在缩量的过程中，买盘上很少有大单挂出，而卖盘上则会频繁挂出大手笔的压单。换言之，在有大压单出现的情况下，用很少的量就能促使股价形成突破，这预示着盘中的锁盘较稳，后市股价大概率会启动一波强势拉升的行情。

三、出击停顿后的启动

股价走出一波行情后，尤其是短期经历了快速拉升后往往会进入休整阶段，如果主力相对强势且依然没有撤退的话，那在休整的过程中，股价往往会呈现出横盘的状态，并且在横盘的过程中会表现得极度低迷，无论是成交量还是股价的波动幅度，都呈现出"双低迷"的停顿状态。

遇到这种类型的个股时，短线投资者其实应该密切关注其后市的动态，以这种形式来停顿整理的个股，后续往往会再次启动强势的拉升行情。当然，也不排除再次启动行情之前先出现"挖坑"的动作。

如图 5-25 所示的宁波联合（600051），该股在 2020 年 6 月出现了这种停顿式的休整，股价低迷了一个月。当然，在这期间也出现了一些异动走势，但异动过后很快就回归了平静。对于这种类型的个股，如果投资者通过当时的盘面走势动态确定了这种停顿是主动性休整的话，那短线投资者就应该紧跟后市盘面动态，一旦出现启动迹象就可以考虑入场参与。

在实战过程中，看见这种走势的个股，我们不能仅仅依据日 K 线走势图上的形态去确定操作策略，也不能仅仅看到日 K 线走势图上出现了这种停顿式的整理就盲目地入场买进，有些个股在进入高位区域运行时，也会出现这种走势形态，这往往是主力在隐蔽出货。

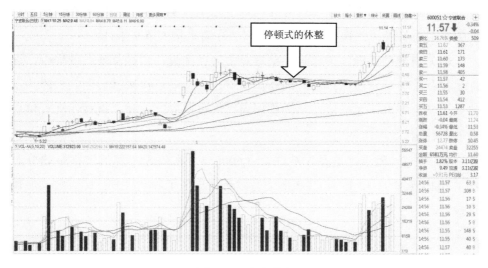

图 5-25　宁波联合

1．观察导向

对于这种类型个股，最关键的是要确定其停顿过程中的整理是技术性修正，即这种是由主力清洗盘面所导致的。我总结了一些盘面观察导向的经验，仅供大家在实战过程中参考。

（1）前无大幅拉升。要重点关注在此之前股价是否经历了大幅度的拉升，如短期内股价已经翻番且并未出现过整理修复，尤其是出现连续放量式拉升。对于在这种情况下出现的停顿整理应谨慎对待。

在被连续大幅度拉升的情况下出现的停顿整理，一旦在整理的过程中护盘动作较为明显，且不时有向上对倒的动作出现，那往往是主力在借助停顿的平台派发筹码。对于这种类型的停顿整理，不排除整理之后会有拉升的大阳线出现，但这种大阳线一般都是被刻意的向上对倒单拉起来，且大多都在早盘或尾盘出现。

短线投资者遇到这种类型的个股时，首先要确认在出现停顿整理之前，股价并未出现较大幅度的拉升，或经历了一定幅度的拉升，但在这个过程中也经历了反复的休整，即在拉升的过程中并未积累过多的浮动筹码。在这个前提下，股价经历停顿整理后，再次启动行情将是大概率事件。

（2）有异动伴随。如果停顿整理是主力在洗盘，那在整理的过程中，盘面上往往会有异常打压或拉升的动作出现，且异动后很快就会回归平静的走势。当然，在经历了一段时间的整理后再次出现异动动作，也往往会直接启动一轮行情。

如图 5-26 所示，这是宁波联合（600051）在停顿整理的过程中的分时图（2020 年 6 月 12 日），当天的运行过程中出现了异动拉升，即直线式的快速拉升。

图 5-26　宁波联合

（3）有明显缩量过程。对于停顿整理，成交量的变化及其在这一过程中的释放方式也是我们在分析的过程中要重视的一个环节。从成交量的变化可以初步判断整理过程中筹码的集中度，再叠加整个过程中干扰动作的迹象，

就能进一步判断主力在停顿整理过程中的逻辑和意图。如图 5-27 所示，该股
在停顿式整理的过程中呈现出一段持续缩量的走势，股价也相对低迷，呈现
出"双低迷"的状态。

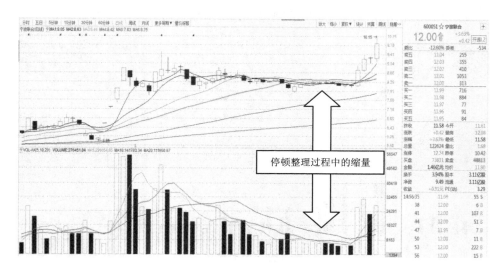

图 5-27　宁波联合

如果是由主力洗盘而导致的停顿整理，那在整理的过程中成交量一般都
会有一个明显的萎缩过程，甚至是极度萎缩的过程。而且在萎缩或极度萎缩
的过程中，买盘上几乎不会单方向持续性挂大单。换言之，这种缩量是自然
的或压制的缩量（压着大卖单依然缩量）。这样才能真正说明股价经过整理后，
盘中的浮动筹码是相对稀少的，锁筹较为集中，股价在后续的走势中再次启
动行情将是大概率事件。

如果在停顿整理的过程中，成交量一直都无法得到自然的或压制的萎缩，
那即便在整理之后出现向上拉升的大阳线，往往也是短暂的强势，后续股价
再次进入调整将是大概率事件。

（4）再次启动要平稳。 如果经历停顿整理之后再次启动行情，在脱离整
理平台时的阳线一定要是相对平稳的，即以稳健的形式收出了大阳线。当然，
也不排除以"一字"涨停的强势脱离整理平台。我们在跟盘分析的过程中，

不能仅关注是否收出了脱离整理平台的阳线，更要关注阳线是以何种形式收出来的。如果是躁动式的上冲，那这往往是试探性的拉升。如图 5-28 所示的宁波联合（600051），当时股价在经历一段时间的停顿整理后，于 2020 年 6 月 30 日以一根大阳线脱离原有的整理平台，随后再次启动了一波行情。

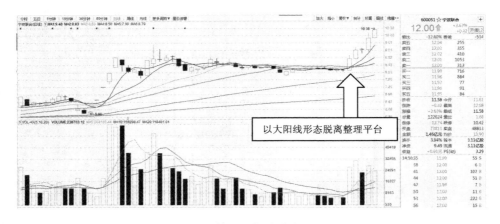

图 5-28　宁波联合

在跟盘分析的过程中，关键是要识别大阳线是否平稳，我们可以根据当天分时图上的走势去判断。

股价经过整理后，在再次启动的过程中，分时图上出现快速拉升的动作是很正常的。但在这种情况下要注意两点，一是在启动这根大阳线之前，盘中筹码锁得较稳，在经历打压或大单压制之后，主动性抛售依然稀少；二是在股价启动当天的快速拉升之后，分时图上的股价能够维持稳定，不出现大幅度的回落，即便是回落也是被刻意打压下来的。

从图 5-29 中我们可以看到，在脱离整理平台收出阳线的当天，股价先是稍作整理，而后被快速拉升逼近涨停，但随后则出现回落整理。

如果在当天快速拉升之后的震荡整理过程中，包括以震荡形式回落的过程中，不断有大手笔的卖单压在卖盘上，但股价整体的回落幅度并不大，或是以窄幅度震荡的形式进行横盘整理，同时成交量非常稀少。在这种情况下形成的阳线就是相对稳定的，或者说是平稳的。

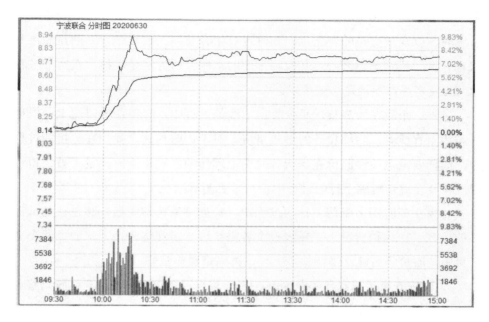

图 5-29　宁波联合

当天的窄幅度整理也好，震荡回落也罢，都是由刻意压制而促使产生的。在整理的过程中筹码依然锁定较稳，很少有主动性抛售出现。在这种情况下，这根平稳的阳线预示后市大概率会迎来一波再次启动的上涨行情。

如果这根阳线在当天形成的过程中，同样是以快速拉升形成的，但在随后（当天）出现回落的过程中，或者是窄幅度震荡整理的过程中，持续性抛售的单子比较明显，而成交量也未呈现出明显的萎缩。出现这种情况时，短线投资者需要谨慎一点，这大概率是一次试探性拉升，且在试探拉升的过程中遇到了较为明显的压力，后市股价大概率还会调整。有些个股在脱离整理平台的当天收出阳线的过程中，会以上面这种走势呈现，我们在分析的过程中，除了深入分析前期的盘面细节之外，要关注的重点是当天快速拉升之后的盘面细节导向，并叠加成交量的变化去思考这根阳线是否具备稳健的属性。

有些个股在脱离平台的收阳线的当天，分时图上会先出现震荡的形式，之后再出现快速拉升，甚至会在尾盘出现异动拉升。针对这种情况，判断其是否具备稳健的属性时，依然要把关注的重点放在当天震荡过程中的盘面细节导向，以及成交量的变化上，同时也要结合前期（整理平台）的盘面迹象综合分析。从这一点来看，其实和上面的案例分析方法是一样，在实战过程中，投资者灵活变通跟盘就可以。

另外，个股在脱离整理平台收出阳线的过程中，有些在分时图上会以逐步震荡上行或者以阶梯拉升的形式呈现。对于这些形式，我们在分析的过程中，同样要重点关注股价在当天分时图上震荡的过程中，筹码是否被锁得较稳，以及在逐步震荡上行的过程中护盘是否明显。

如果在分时图上震荡上行的过程中，护盘迹象非常明显，那往往是试探性的拉升。在这种情况下，短线投资者需要进一步观察在接下来的一两个交易日中，股价是否能够维持稳步上行，再确定操作策略。

如图 5-30 所示的联环药业（600513），该股于 2020 年 1 月 17 日脱离整理平台时是以涨停的阳线来呈现的。从当天的分时图上我们可以看到，股价基本上是以阶梯式震荡的形式收出涨停阳线。

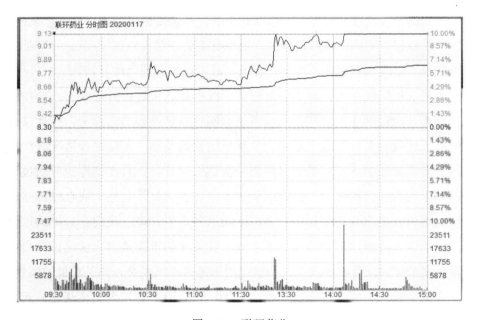

图 5-30　联环药业

对于以这种形式形成的脱离整理平台的阳线，一是要关注每个震荡台阶过程中的主动性抛售情况，如果每个震荡的台阶都很少有主动性抛售出现，或者每上一个台阶，盘中的主动性抛售都要明显减少，那往往预示着阳线是稳健的。二是要关注每个震荡台阶中挂单的动态，如果整体上很少有刻意护盘的大单出现，甚至在卖盘上频繁出现压大单的现象。在这种情况下，如果再叠加成交量呈现出萎缩的状态，那就能进一步判断出当天的阳线是相对稳健的，这种脱离大概率是有效的脱离，后市股价再次启动一轮上攻行情也是大概率事件。

如图 5-31 所示的联环药业（600513），该股在 2020 年 1 月 17 日收出涨停的阳线后便启动了一轮新的强势上攻行情。该股在日 K 线走势图上也呈现出了阶梯式拉升的格局，先是突破半年线后日 K 线直接进入横盘的走势，经历一段时间的整理后再以涨停的形式将股价拉上一个新台阶。对于有一定实战经验的短线投资者而言，这种类型的个股是比较好把握的。

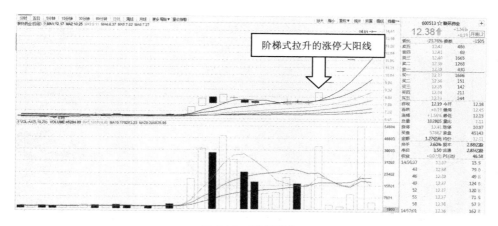

图 5-31　联环药业

2．操作策略

针对这种类型的个股，我总结了一些在短线操作过程中的策略，仅供大家参考。

（1）在异动中尝试。前面我们谈到过，在停顿整理的过程中，股价往往会出现异动拉升，这种异动拉升其实也是一种试探性拉升，测试盘面的锁筹程度。如果经历整理之后筹码锁定得较稳，股价就有望结束整理并在短期内再次启动一波上攻行情。

短线投资者如果大概率确定了异动拉升后当天的盘面较为稳健的话，则可考虑操作，但仓位应尽量控制在一成以内，先轻仓参与，等待市场确认启动后再考虑加仓。如图 5-32 所示的宁波联合（600051），该股在 2020 年 6 月 12 日出现异动拉升，根据当时的情况判断，投资者可考虑轻仓买进。

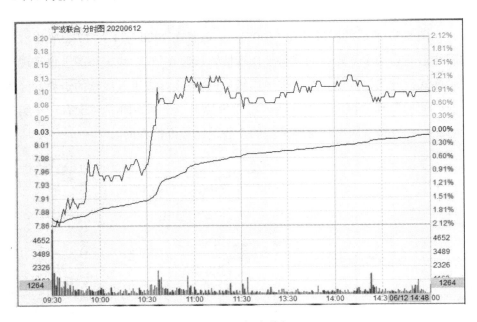

图 5-32　宁波联合

但需要注意的是，不要一发现有异动拉升的迹象就盲目入场。

1）要确定股价在前面的整理过程中，主动性抛售已经比较稀少，在这个前提下股价才有可能启动新一轮上攻行情。

2）在当天异动拉升之后，同样没有引发过多的主动性抛售筹码，且在异动拉升后有入场资金跟进，投资者可根据主动性买单的积极程度去判断。

3）不宜在早盘突发性异动拉升的过程中追高，尤其是在第一次出现异动拉升时，早盘异动拉升后往往会有回落的过程，除非前期整理得非常充分。在早盘异动拉升时，要善于等待异动之后的盘面动向，待其确定稳健后再入场尝试买进。

4）在尝试买进的过程中，心理预期不要过高，要把随后股价出现继续整理，甚至是向下"挖坑"的可能性考虑进去。

采取这些策略操作时，需要注意严格控制仓位，虽入场时定位为短线，但在仓位分配上需要中短结合。在 A 股中博弈，我觉得在大部分情况下都要有中短结合的思维，这个市场本就存在诸多的不确定性，尤其是对于股价短期的波动更是难以做到绝对掌控，投资者要懂得用仓位来对冲其风险。

（2）在欲向上的走势中埋单。对于这种类型的个股，在股价再次启动上攻行情时，往往会有一个蠢蠢欲动的过程，尤其是在前面出现过异动拉升，甚至是反复的异动拉升之后。在这种情况下，短线投资者可在这个过程中适当"埋单"。

如图 5-33 所示的洪都航空（600316），该股在 2020 年 7 月初出现了类似的走势，如果投资者在前期的跟盘过程中确定了整理是主力的洗盘动作，那便可以在整理之后的欲向上走势中轻仓埋单。

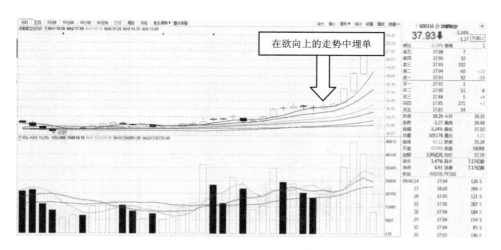

图 5-33　洪都空客

该股蠢蠢欲动的走势并不是那么明显，我们在跟盘的过程中，除了从日 K 线的走势上去判断外，还可以从当时的盘面细节加以判断，有些个股在启动一轮行情前，其走势表现得比较含蓄，但细节上会显示出一些迹象。

1）出现压制性的极度低迷，即股价的波动幅度非常小，成交量极度萎缩的同时（刻意对倒而导致成交量放大的除外），卖盘上会较为频繁地出现大压单，且在此之前的整理过程中出现过明显异动拉升或刻意打压的动作。

2）以小阳线的形态慢慢脱离原来的整理平台，成交量比较温和，甚至呈现出萎缩的状态，给人一种量价不匹配的感觉。但无论是温和放大还是维持萎缩的状态，在这个过程中几乎不会出现明显的护盘动作。这其实也是股价蠢蠢欲动的表现，接下来股价大概率会出现一波上攻行情。

（3）在确定大阳线中买进。稳健型的短线投资者可在股价脱离整体平台收出阳线，且当天的走势较为稳健的情况下入场买进。如图 5-34 所示，在收出这根阳线的当天，投资者就可以考虑适当入场参与，稳健型的投资者可等待股价临近收盘时，在确定当天的走势较为稳定的情况下入场参与。

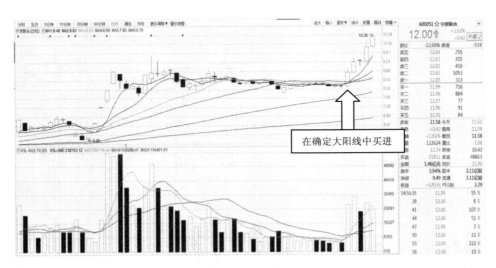

图 5-34　宁波联合

温馨提示

　　对于这种类型的个股，在短线操作的过程中，关键是要仔细分析在停顿整理过程中的打盘面细节上的倾向，不能仅仅依靠 K 线形态的表面现象。确定这期间的停顿整理是主力洗盘后，才能考虑在浮动筹码稀少的情况下去参与。另外，在参与的过程中，在股价未有效脱离整理平台前，不要轻易重仓，以免碰到刻意打压下的向下"挖坑"情况。

四、抓住回撤中的机会

　　在实战过程中，我们经常会遇到股价出现回撤的走势，有些回撤是由于盘中积累了较多的获利回吐盘，而有些回撤则是由主力刻意打而导致的。其实无论是刻意打压，还是因回吐盘较多而引发的回撤，只要主力依然没有撤离，且当时的股价并未被大幅度炒高，股价经历回撤之后往往还会迎来一波上涨行情。如果短线投资者能抓住股价回撤企稳过程中的入场机会，那短期收益也往往是比较可观的。

　　如图 5-35 所示的靖远煤电（000552），该股在 2020 年 6 月 18 日突破半年

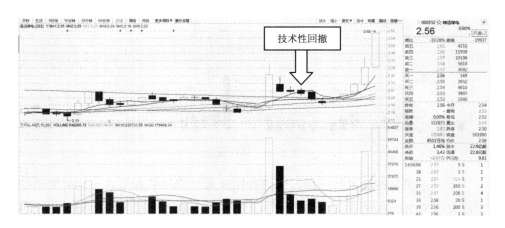

图 5-35　靖远煤电

线之后出现了回撤的动作。这种回撤其实就是对这根突破阳线的回头确认，即确认这次突破是否有效。

在一般情况下，股价突破重要压力关口后往往都会有技术性修正的需要，尤其是以突发大阳线的形态实现突破的个股。如果当时盘中的浮动筹码比较稀少，其修正的时间不会很长，短期内就有可能再次出现上涨行情或再现脉冲式行情。

1．观察导向

在参与这种类型的个股时，要重点分析回撤过程中的盘面迹象，并结合前期的盘面动态综合分析判断。我总结了一些盘面观察导向的经验，仅供大家在实战过程中参考：

（1）缩量是必需的。 从原则上来看，在回撤过程中成交量必须是萎缩的。当然，刚开始回撤时可以是放大的，但随着股价逐步回撤，成交量需要有一个萎缩的过程。如图 5-36 所示，该股在回撤的过程中，成交量呈现出萎缩的状态。

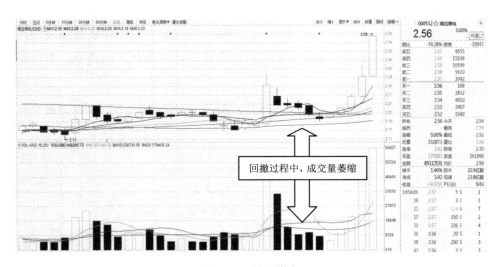

图 5-36　靖远煤电

如果是正常的技术性回撤，那这种回撤的主要目的就是确认此时突破的阳线是否有效。如果有效性较强的话，那突破之后盘中的筹码会相对集中，不会因为随后稍有调整就出现恐慌性杀跌。从成交量的变化上来看，就会出现萎缩的状态。但需要注意的是，如果在缩量的过程中不断有护盘动作涌现的话，那依然是需要谨慎的，这种缩量并非是自然性的，股价在短期内将难以出现上涨行情。

另外，除了我们谈及的股价在突破重要压力区域时出现的回撤之外，有些个股在进入主升通道之后，往往也会以这种回撤的形式来休整。比如有些个股在回撤过程中"奔着"半年线去，给人一种行情要结束的感觉。等我们撤离后，它却随之而上，有一定实盘经历的投资者，应该是遇到过不少。

如图 5-37 所示的紫光学大（000526），该股于 2020 年 6 月初出现这种逐步回撤的走势，但当其即将触及半年线的支撑位置时，则开始转头一路向上。对于这种类型的个股，短线投资者能把控到位的话，同样可以在短期内获得较为丰厚的收益。

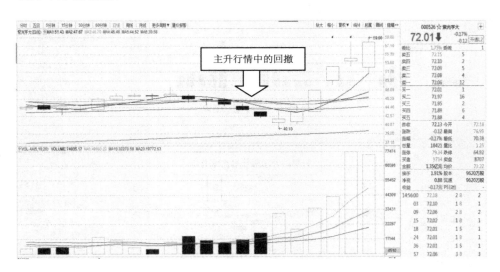

图 5-37　紫光学大

（2）回撤不耗时。 如果回撤是技术性的修复动作，那修复的过程往往是不需要太长时间的。一般在一周左右股价就会出现企稳回升，如果回撤整理的过程耗时较长的话，那短线投资者就要谨慎对待，此时短线操作的空间是相对有限的，即短期内出现再次上攻的行情将是小概率事件。

遇到这种类型的个股时，除了从成交量的转化以及盘面细节的动向上去跟踪分析外，还可以结合回撤企稳所耗的"交易日"来加以判断其是否具备短线操作的条件。换言之，遇到这种类型的个股时，先静等几个交易日看看是否有明显企稳回升的迹象，如果一点都没有，那短线投资者就要谨慎操作了。

如图 5-38 所示的靖远煤电（000552）和图 5-39 所示的紫光学大（000526）在回撤休整的过程中，股价基本上在一周内就出现了企稳状态。

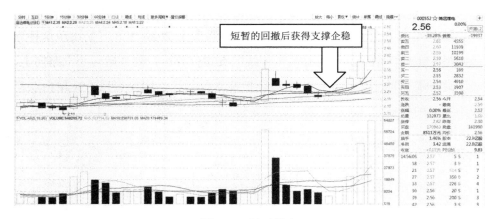

图 5-38　靖远煤电

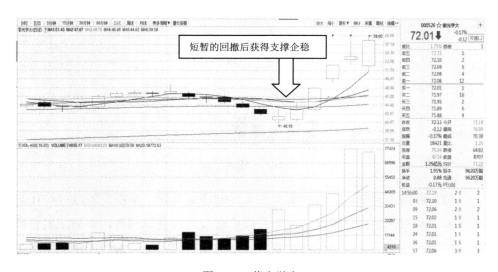

图 5-39　紫光学大

（3）蓄势要到位。对于突破重要技术压力位之后的回撤，在突破之前需要有一定程度的蓄势，尤其是在低位或相对低位向上突破时，充分蓄势非常关键。如果在突破之前没有经历较为充分的蓄势整理，那在随后的突破过程中场内的浮动筹码会比较多，在投资心理层面上，观望情绪会更加明显。

对于蓄势而言，在分析的过程中我们可以从两个角度加以分析。

1）在此之前股价已经出现过一段时间的整理，在整理的过程中主动性抛售并不是很明显。个股在此之前以逐步攀升的走势向上运行，成交量出现温和放大或萎缩的状态，但在整个攀升的过程中都是顶着压单上行的，即在卖盘上频繁挂出大手笔的压单之下攀升。这种压单本身就是一种整理手法。

如图 5-40 所示，该股突破半年线之前就经历了一段时间的整理，且在整理之后也曾多次向上试探冲击半年线上的阻力。对于这种整理及多次向上试探冲击的走势，我们在分析的过程中可以深入观察动态盘的细节，再结合量价关系去综合分析判断整理是否较为充分。

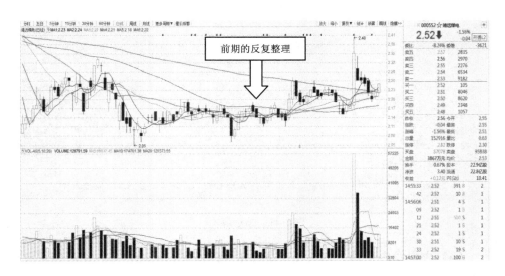

图 5-40　靖远煤电

2）我们可以结合随后突破过程中的盘面表现来分析，如果前期整理较为充分，那在突破过程中的表现也是相对稳健的。

如图 5-41 所示，这是靖远煤电（000552）在突破当天的分时图，当时的突破是相对利索的，虽然是以直线式拉升的形式突破，但突破当天股价的回落幅度相对较小，且随后在分时图上能够维持在当天的均线之上窄幅度震荡。遇到分时图上出现这种走势时，投资者需要注意观察震荡过程中是否有较为明显的主动性抛售涌现，如果有的话，并且在随后的回撤过程中也同样有较为沉重的主动性抛售。稍作回撤后出现突发性的异动拉升大长阳线时，短线投资者则不宜急于入场，后市股价大概率不会立刻启动一波上攻行情。

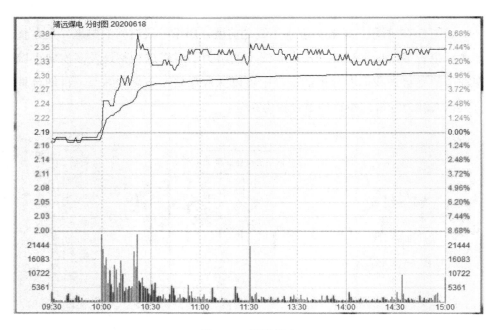

图 5-41 靖远煤电

（4）大阳线内企稳。如果仅仅是技术性的修复，无论是在刚刚突破重要的技术压力位之后出现的，还是在股价进入主升通道时出现的，只要在回撤之前的交易日里收出的是大阳线，那在随后的回撤过程中，股价一般不会跌破这根大阳线的开盘价，即股价在回撤时的整体波动区域都是在这根大阳线的实体之内的。一旦在回撤的过程中跌破了这根大阳线的开盘价，尤其是在成交量不是极度萎缩的状态下跌破的，那在这种回撤后短期内是难以有上涨行情的。短线投资者不宜着急入场参与，应先以观望为主。

　　如果当时的大盘走势并不是很乐观的话，那在这种回撤后，后市股价往往会经历较长时间的调整，虽不排除有中长期的投资机会，但从短线投资的角度来看，其操作空间是相对有限的。

　　如图 5-42 所示的建设银行（601939），该股于 2020 年 7 月初出现了回撤，当时股价回撤到 7 月 6 日那天的开盘价后依然未出现明显的企稳，且在回补了当天的跳空缺口后也未出现有力的反弹。

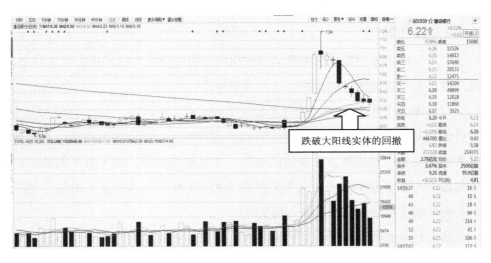

图 5-42　建设银行

　　盘子比较大的个股出现这种形式的回撤时，后市股价出现继续整理甚至回落走势的可能性就更大。如图 5-43 所示，该股之后便经历了较长时间的整理。

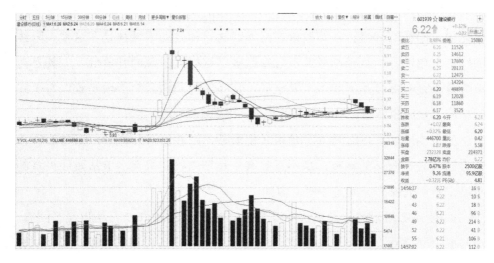

图 5-43　建设银行

2．操作策略

对于突破后的回撤或在主升通道中出现小阴回撤的个股，在实战过程中，我总结了以下短线操作的策略，仅供大家参考。

（1）不急于买在开头。 有些个股在形成突破大阳线后，往往会在大阳线之后的交易日中出现高开低走的大阴线，或是出现大幅度冲高回落，但在接下来的交易日中很快就出现企稳的迹象。在这种情况下，由于有前面的大阳线刺激，再加上股价波动后又立刻企稳，尤其是尾盘突然拉升的时候，就更容易促使短线投资者急于重仓入场买进。

其实这种短线操作的风险相对较大，回撤往往难以在一两个交易日里立刻企稳迎来继续上攻的行情，尤其是在当时的大盘也是处于调整的情况下。短线投资者一旦重仓杀进，随后的股价稍有下挫就会影响情绪，很容易产生非理性的操作。

如图 5-44 所示，当时股价在 2020 年 7 月 7 日早盘冲高后便出现回落，但在接下来的两个交易日中呈现出企稳的状态。在这种情况下，实盘经验不是很丰富的短线投资者很容易重仓入场，随后的走势对于短线投资者而言也是比较伤人的。

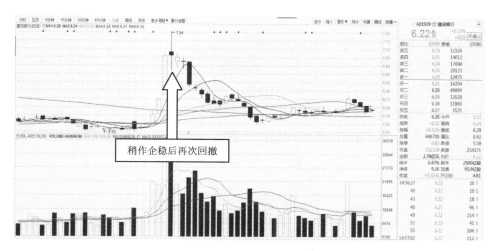

图 5-44　建设银行

对于这种企稳类型的个股，在操作的过程中也并非一定不能去碰它，操作时需要注意以下几点。

1）在入场操作的过程中，不宜一次性重仓入场，要有中短结合的思维，毕竟这种企稳带有试探性的成分，操作也应该要采用试探性策略。操作定位清晰了，随后即便出现继续回撤调整也是有心理准备的，至少在接下来的应对过程中不至于演变成非理性的操作。

2）在前期的走势过程中，盘面上一定要有较清晰的稳健性迹象呈现，且当时的大盘走势相对较好，或该股所处板块的联动性较强劲。在这种情况下，股价在稍作整理后才有可能再次启动新一轮上攻行情。否则，后市股价大概率还会继续回撤。

（2）支撑验证后分仓买。对于进入主升通道后出现回撤重要支撑位的个股，短线投资者在操作的过程中，可重点关注两个层面上的盘面细节。

1）要大概率确定回撤过程中的主动性抛售是比较稀少的，主力才有可能在短期内再次启动上攻行情，否则继续清洗盘面就是大概率事件。

2）关注股价回撤到技术支撑区域附近时盘面细节上的动态，如果这个过程中在没有明显护盘动作下呈现企稳的状态，尤其是在频繁挂出大手笔的卖单压盘的情况下依然能企稳。那接下来股价大概率会再次启动行情。从操作层面来看，如果在股价企稳之后出现验证的大阳线或中阳线，则可考虑分仓入场参与，但此时不宜重仓入场，以免后续出现干扰性的波动而影响情绪。

如图 5-45 所示的紫光学大（000526），该股在回撤到半年线附近时出现了企稳，在紧接着的第二个交易日，即 2020 年 6 月 16 日收出一根企稳的阳线。从技术角度来看，这根阳线带有验证的信号，是对前一个交易日企稳的一种验证。

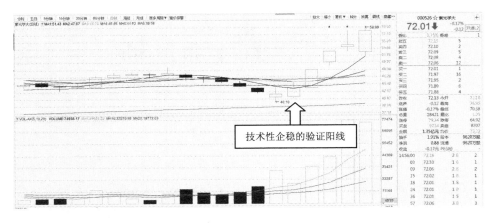

图 5-45　紫光学大

对于短线投资者而言，如果通过前面回撤过程中的盘面迹象确定了主动性抛售比较稀少的话，在收出这根技术性验证的阳线时就可以适当分仓入场参与。

但在采取这种操作策略时，也需要结合收出验证阳线当天的盘面迹象去考虑。当天股价的走势需要呈现出稳健或相对稳健的上攻走势。分时图上可以出现直线式的拉升，或是在直线式拉升之前有铺垫性的动作，或是在直线式拉升之后盘面上依然能呈现稳健的走势，即在拉升后分时图上并未出现较大幅度的回落，同时在这个过程中也很少有刻意护盘的动作出现。

如图 5-46 所示，这是紫光学大（000526）在 2020 年 6 月 16 日收出验证阳线当天的分时图。从当时的走势迹象上是能看出它是相对稳健的，虽然尾盘出现了一个异动拉升的动作，但当天的股价整体上呈现出了逐步震荡的上攻行情。

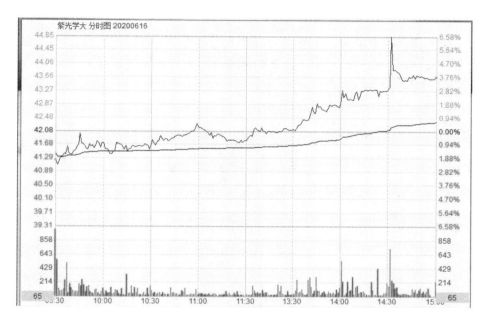

图 5-46　紫光学大

对于这种整体逐步震荡上行，但尾盘出现了异动拉升后回落或者是直接在尾盘出现异动打压的，尤其是在尾盘运行的过程中持续地挂出大手笔的卖单压制股价的情况。短线投资者在入场时需要严格控制仓位，应以轻仓的策略试探买进。在一般情况下，尾盘出现了打压的迹象时，在接下来的交易日中股价大概率会有一个回落的动作，但回落的过程中很少有主动性的抛售涌现，则股价在短期内大概率会再现上攻行情。

（3）在酝酿后的大阳线中买进。对于稳健型的短线投资者而言，遇到突破大阳线后回撤时，如果在回撤的过程中成交量呈现出明显的萎缩，且不是在有护盘的情况下出现的萎缩。同时，在回撤到重要的技术支撑区域附近时能自然企稳，股价依旧是在突破大阳线的实体内波动的。股价企稳后开始出现连续几个交易日的回升小阳线，而后再形成一根稳健的中阳线，甚至是大阳线，尤其还是在顶着大压单的情况下收出的，那便是最好的效果。出现这种情况时，短线投资者就可以考虑适当入场参与，这期间出现的连续回升小阳线往往是上攻前的一种酝酿动作。

（4）在滞涨中减仓。在图 5-47 中我们可以看到，当时的股价在经历连续几个交易日的上攻之后出现了滞涨的迹象，短线投资者遇到这种走势时，如果仓位较重应该考虑采取减仓的策略。

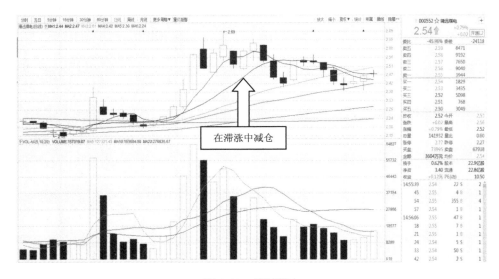

图 5-47　靖远煤电

对于这种滞涨的走势，投资者关键要观察成交量的变化，以及盘面上干扰性动作的细节。如果当时的成交量呈现出明显的萎缩，同时压制性的大卖单比较多，或者较为频繁地出现向下打压的动作，但盘中的主动性抛售比较稀少。在这种情况下，滞涨往往是一种中途休整的动作，清洗浮动筹码后，股价大概率还会继续向上拓展空间。短线投资者可以继续持股观望。

但如果在滞涨的过程中，成交量呈现出明显的放大，且成交量的放大主要由于盘中出现了比较明显的主动性抛售而导致的，那股价短期内往往难以再次启动上攻行情。对于短线投资者而言，如果仓位比较重的话，需要考虑减仓来应对有可能出现的调整风险。

温馨提示

对于出现回撤的个股，在短线操作的过程中，一是不宜过急入场参与，在没有出现明显企稳之前应等待观望；二是在一路护盘较为明显的回撤过程中，先不要轻易参与，之后往往会有继续调整的风险；三是在入场操作时，不宜一次性重仓下注，要善于用分仓的策略去降低有可能出现的由突发性波动带来的风险。

五、猎取台阶拉升

有主力资金注入的个股，在上涨过程中往往在日 K 线走势图上会呈现出台阶式拉升，在分时图上也时常会呈现出这种走势。台阶式拉升又被称为"阶梯式拉升"，从形态上来看，它的走势是相对有节奏的。对于拥有这种走势类型的个股而言，如果是由主力资金注入而促使的台阶式拉升，在短线操作的过程中如果能够把握好其中的波动节奏，那短期盈利也是相当可观的。

如图 5-48 所示的宝新能源（000690），该股在 2020 年 6 月初开始上攻的过程中，就呈现出台阶式拉升。除了在股价进入主升通道运行时会出现台阶式拉升外，有些个股在低位启动或者在筑底回升的过程中，也会呈现出这种走势。从整体运行的形态来看，会展现出相对稳健的回升趋势。

如图 5-49 所示的成都银行（601838），该股在 2020 年 4～5 月低位企稳回升的过程中就呈现出台阶式拉升，而后则迎来了一波快速冲击半年线的拉升行情。

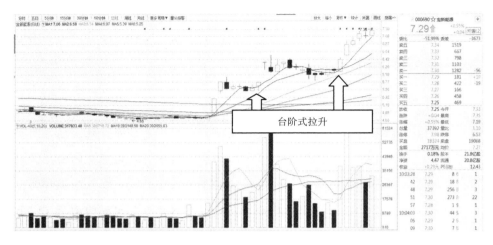

图 5-48　宝新能源

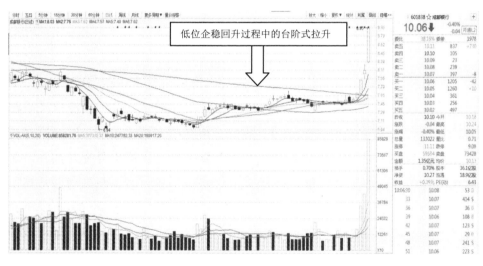

图 5-49　成都银行

1．观察导向

在参与台阶式拉升个股的过程中，一是要观察拉升过程的盘面导向，二是要侧重构筑台阶过程中盘面细节的迹象。我总结了一些盘面观察导向的经验，仅供大家在实战过程中参考。

（1）放大到萎缩的切换。 股价以台阶式拉升进入主升通道时，成交量一般会由放大切换到萎缩，即上攻过程中成交量会出现明显的放大，而在构筑台阶整理的过程中成交量会迅速切换到萎缩的状态。

从量能的角度而言，在构筑整理台阶的过程中，成交量需要萎缩。如果是由主力资金注入后引导的台阶式拉升，那这种整理本身就是清洗盘面回吐筹码的动作，需要有一个缩量的过程，才能验证盘中的浮动筹码是比较稀少的，接下来的股价才有可能在短期内再上一个台阶。当然，这期间由刻意对倒打压而促使产生的放量除外。从图 5-50 中我们可以看到，成交量的切换是比较明显的。

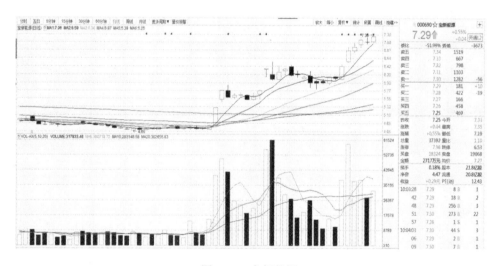

图 5-50　宝新能源

（2）要有干扰动作。 上面我们谈及成交量要有一个从放大到萎缩的切换，但仅仅是表面上有这种切换的动作，还不能因此断定拉升后的台阶整理一定是有主力资金注入，也有可能是市场本能的滞涨行为。如果这种构筑台阶式的整理是由主力资金注入之后主导的洗盘行为，哪怕是游资性质，在整理的过程中也会出现较为明显的干扰动作。如分时图上出现直线式的打压、早尾盘异动、频繁用大卖单压制等干扰动作。

如图 5-51 所示，这是宝新能源（000690）在 2020 年 7 月 7 日进入台阶式整理后第一个交易日的分时图，在早尾盘都出现了干扰动作，对倒拉升和对倒打压都有。

图 5-51　宝新能源

我们再看看图 5-52 的走势，这是该股在 7 月 14 日在台阶式整理平台中欲向上攻时的分时图。股价先是呈现反复震荡，而后在尾盘以连续性快速拉升的走势翻红。从盘面的动态来看，这是一个明显的干扰性拉升的动作。

（3）有欲攻欲停的动作。 如果台阶式拉升的走势出现在低位区域，且是在重要的技术压力位之下时，那在构筑台阶式整理平台的过程中，往往会较为频繁地出现欲攻欲停的动作。这种动作一般出现在股价刚刚进入整理阶段或者是在临近整理尾声的过程中。

如图 5-53 所示的成都银行（601838），该股在低位区域出现台阶式拉升的过程中，就出现了欲攻欲停的动作，并以上影线的形态呈现。

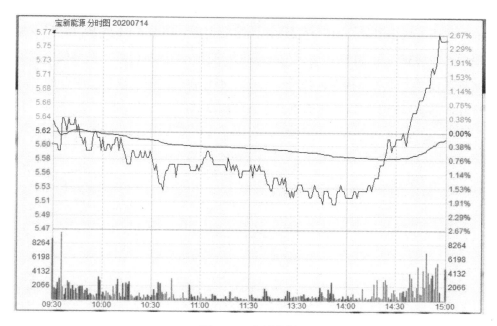

图 5-52　宝新能源

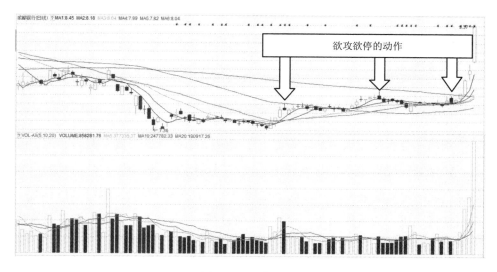

图 5-53　成都银行

　　这种欲攻欲停的动作其实也是一种试盘的手法，且一般都是在阻力位置附近出现的，以此来试探性突破。主力基本上都是在早盘或尾盘以向上对倒的形式快速拉抬股价，而后再呈现出回落的走势。如图 5-54 所示，这是成都银行（601838）在 2020 年 6 月 24 日的分时图，当时股价就是在早盘出现了欲攻欲停（上攻半年线）的走势。当然，也有在分时图上以逐步攀升的形式拉升，而后以向下对倒打压的手段来实现欲攻欲停走势的个股。

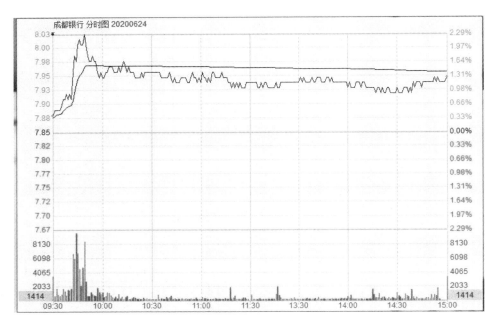

图 5-54　成都银行

我们在分析欲攻欲停的动作时，主要还要把重点放在盘中筹码的集中度上，如果是在股价进入台阶整理了一段时间后出现这种动作，且当时的成交量也呈现出明显的萎缩，同时这个过程中很少甚至根本不会出现护盘的动作。在这种情况下，股价距离下一个上台阶的拉升就不远了，短线投资者应密切关注盘面动态。

如果在出现这种动作的过程中，盘中主动性抛售比较明显，尤其是在刚刚进入台阶后整理不久的过程中，股价大概率还会维持在这个台阶上整理一段时间。短线投资者应先以观望为主，等待筹码的集中度较高时再入场买进或加仓。

（4）一根大阳线构台阶。有些个股在以台阶式拉升的走势进入主升通道的过程中，刚开始也是比较折腾人的。比如构筑了一段时间的整理台阶后，以大阳线的形态将股价拉离整理区域，从技术形态的角度而言，这本应是进入拉升阶段的信号，可随后却是立刻进入新的整理台阶。

如图 5-55 所示的国金证券（600109），在 2020 年 6 月初就是以这种走势形成的台阶式拉升，于 6 月 1 日刚刚以大阳线的形态拉升脱离整理平台，随后又立刻进入一个新的整理平台。

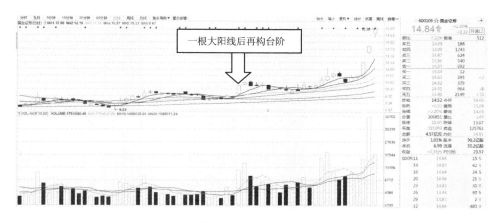

一根大阳线后再构台阶

图 5-55　国金证券

从心理层面而言，这种走势着实让短线投资者揪心，对于实盘经验不足且心态不够好的短线投资者来说，这种整理无疑是一种心理摧残。刚看到一根大阳线的希望，很快被随之而来的整理浇灭了。遇到这种类型的台阶式拉升时，投资者要重点关注以下两点。

1）关注这根短暂的大阳线在形成的过程中是否稳健，即在分时图中的上涨过程中是否利索。如果这根大阳线是稳健形成的，尤其是在有压制的情况下形成的，则预示着随后的台阶整理是技术性的，目的是进一步清理盘中的浮动筹码。如图 5-56 所示，这是国金证券（600109）在 2020 年 6 月 1 日形成大阳线当天的分时图，当时是以较为利索的涨停形成的大阳线。

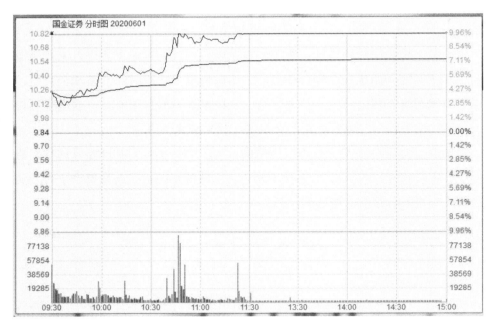

图 5-56　国金证券

2）关注再次进入台阶整理的过程中干扰动作是否依旧明显，就如我们前面所谈及的那些干扰动作。如果在成交量出现萎缩的过程中，盘中的干扰动作依然清晰可见，则预示着这种整理是健康的。短线投资者在这种情况下需要做的就是耐心等待启动的迹象出现。

2．操作策略

短线投资者在实战中碰到台阶式拉升的个股时，一是要冷静对待，不要盲目入场；二是在确定主力未撤离的情况下，要有一定的耐心。在台阶整理的过程中往往会有一些试探性拉升的动作，这种动作难免会让投资者被过早地吸引入场，这就需要投资者具备一定的定力。

在具体的操作过程中，我总结了一些短线操作的策略，仅供大家参考。

（1）轻仓潜伏。 有些时候我们要以短线和中线思维去综合布局。对于这里所谈及的台阶式拉升，其实在操作的过程中我们要有综合性布局的策略。

在台阶整理的过程中，即便有些时候会收出阳线，股价也不一定就会立刻再上一个台阶，若碰到主力做盘手法比较"野"的话，继续让股价维持一段时间的整理也是比较常见的情况。

如果我们在实战过程中通过深入分析盘面，大概率确定是有主力资金注入的，且当时的股价并未被大幅度炒高，该股的基本面上也有支撑股价上行的逻辑存在，那我们在有启动行情倾向的情况下先用试探性的仓位潜伏。以这种策略进行操作，即便继续整理也不会影响大局，而一旦就此启动拉升行情，投资者则可以根据自身的实际情况去加仓。有些时候用试探性的仓位去潜伏也是一种短线策略，这样可以让我们在贴近市场的同时做到进退自如。

（2）在尾盘强劲中买进。如图 5-57 所示的宝新能源（000690），在 2020 年 7 月 14 日的走势中就呈现出尾盘强劲的走势。投资者可以考虑在临近收盘时适当入场买进，但不宜一次性重仓杀入。

图 5-57　宝新能源

采取这种策略操作是有前提的，并不是只要尾盘出现了异动拉升就可以直接入场买进。

1）在当天的运行过程中有足够的铺垫性动作，比如在反复的窄幅度震荡的同时，有明显的大卖单压制的干扰动作，这个过程中的成交量也呈现出明显的萎缩，即主动性抛售的筹码非常稀少。

2）在出现尾盘强劲迹象之前，股价在构筑的台阶上已经经历了一段时间的整理，且整体上的筹码集中度较高。

3）在尾盘强劲拉升的过程中并未出现明显的护盘动作。当然，如果能一路顶着压单上行就更好了（在卖盘上频繁挂出大单压制的情况下，股价依旧能呈现出强劲势头）。

（3）在连收下影后入场。 股价在构台阶整理的过程中，尤其是在构筑第二个台阶的过程中，盘中往往会出现刻意的打压动作，但打压过后当天的股价在分时图上会出现强劲回升，或呈现出一定幅度的自然性回升，即这种回升并非是对倒单拉起来的，而是主动性买单推动下的回升。

在日K线走势图上会收出带下影线的形态，尤其是在连续两三个交易日中都收出下影线时，这往往是主力在测试这个整理台阶的支撑力度。如果当时在打压的过程中，除了向下对倒所释放出来的量外，并未释放出明显的主动性抛售的量，甚至当天整体的成交量上呈现出的都是极度萎缩的状态，那预示着这个整理台阶的支撑力度较大，难有继续下跌的空间。

这种情况往往预示着股价经过一段时间的整理之后，盘中的筹码集中度较高，股价大概率会在短期内再上一台阶。短线投资者看到这种形态时应密切关注接下来是否会收出阳线，如果紧接着就能收出一根稳健的阳线，则可以考虑在收出阳线的当天适当入场买进，等待随后股价开始向上脱离整理台阶时再考虑加仓。

如图5-58所示的宝新能源（000690），该股于2020年7月24日27日连续两个交易日收出带下影线的K线形态，并于7月29日收出一根阳线。在这种情况下，投资者可以考虑适当入场买进，但也不宜一次性重仓，要提防随后股价出现反复，甚至是出现向下"挖坑"的假动作。

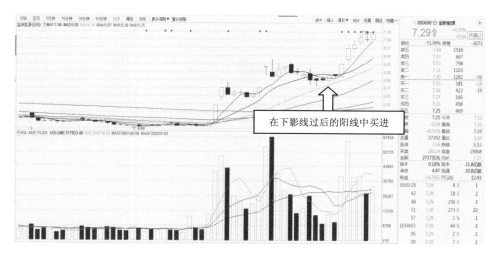

图 5-58　宝新能源

在具体操作的过程中，我们还需要注意下影线形成的过程，即是以何种形式收出来的下影线，这一点也是一个很关键的因素。如果这种下影线在分时图上是以逐步震荡的形式下行，而后再以向上对倒的形式收回来的，那就要重点关注在这个过程中挂单上的迹象。若在股价逐步震荡下行的过程中，不断有大手笔的买单挂出，即我们通常所说的护盘动作明显，那至少说明盘中筹码的集中度不高，即浮动筹码依然是比较多的。除非在这个过程中有较为频繁的向下对倒的动作出现，以及在此之前的交易日中压单现象比较明显。

如图 5-59 所示，这是该股 7 月 24 日收出下影线的分时图股价是以逐步震荡的形式下行的。遇到这种走势时，我们在分析的过程中就要结合当时的挂单迹象，以及在这之前一段时间的盘面迹象，还有当天震荡下行过程中刻意向下对倒动作是否较为明显，投资者要综合这些迹象去深入分析判断。

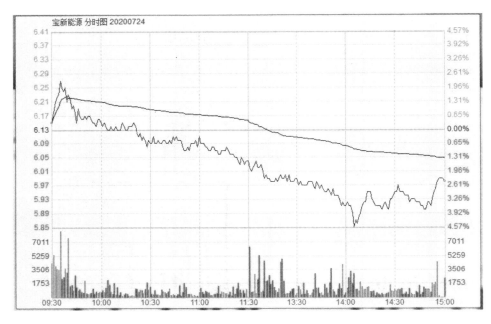

图 5-59　宝新能源

　　如果在震荡下行的过程中，盘中不断有大手笔的卖单压制股价。我们就要重点关注震荡下行的过程中出现主动性抛售的程度，如果成交量呈现出明显的萎缩，那往往预示着在有压制的情况下，主动性的抛售依然是较为稀少的，而盘中筹码的集中度较高。

　　另外，遇到以震荡下行的走势收出来的下影线，除了要关注上述所谈及的这些迹象外，还要结合接下来几个交易日中的走势动态，看看是否有切换的动作出现。比如切换到打压式下行，而后以震荡回升的走势再次收出下影线等。如果出现切换动作，且当时盘中的主动性抛售比较稀少，而主动性入场买进的筹码比较积极，那往往预示着通过这种相对极端的洗盘后，盘中的筹码集中度较高，后续股价则有望在短期内再上一个台阶。

　　如图 5-60 所示，这是该股在 7 月 27 日收出下影线时的分时图，股价先是以对倒的形式出现下挫，而后再呈现出逐步震荡上行的回升走势。

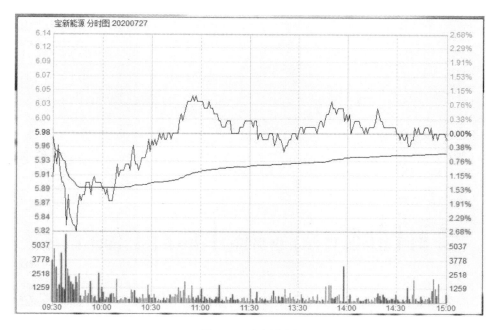

图 5-60　宝新能源

总体来说，投资者遇到在整理台阶上连续收出下影线的形态时，或某一天里收出一根带长长下影线的形态时，在分析的过程中要关注两个核心的问题。一是要关注在整个过程中刻意打压的动作是否明显；二是要关注在整个过程中筹码是否被锁得较稳，即集中度是否较高。如果这两个核心的问题的答案都为"是"，或在接下的走势过中切换过来后满足这些核心条件，那短线投资者可以考虑入场参与。

（4）不突破不入场。如果在股价处于低位区域运行的过程中，出现这种台阶式拉升的走势，且在进入台阶整理过程中股价刚好运行到重要技术压力位附近。在这种情况下，稳健型的短线投资者最好等到股价实现突破后再入场参与操作。

如图 5-61 所示的成都银行（601838），该股在 2020 年 6 月进入台阶整理时，股价就刚刚好运行到半年线附近。对于稳健型或实战经验不是很丰富的短线投资者而言，应等到股价向上形成突破时再入场买进。

图 5-61　成都银行

如果在构筑台阶整理时股价距离压力区域有较大的空间，即还需一定的上涨幅度才能触及阻力点位，如 10%以上的空间。那么在经历台阶整理后有启动上攻阻力区域的迹象时，则可以适当入场买进，但要严格把控好仓位，不宜一次性重仓入场，以免随后股价出现试探性的冲关后又快速回撤。

买进后如果随后股价能以逐步攀升的形式向上逼近阻力点位，且在逼近后盘中的浮动筹码比较稀少，投资者可以继续持股观望，后市股价往往会以大阳线的形态先形成一次突破。如果是以躁动的形式向上突破，即以直线拉升的形式试图突破，但股价拉升之后引发了较为明显的主动性抛售，投资者则应先减仓应对有可能出现的继续整理。

温 馨 提 示

对于台阶拉升的个股，投资者在短线操作的过程中关键是要在保持好心态，同时深入分析台阶整理过程中成交量的变化，以及在这个过程中的干扰动作。换言之，要深入盘面的细节确定主力依然未撤离，提防在高位区域时主力利用台阶来逐步派发筹码。在整个整理过程中，主力往往会不断挂出大手笔的买单护盘。

六、守住攀升后的加速

六、守住攀升后的加速

心急是很多投资者难以克服的问题，尤其是当我们短线投资时，看到股价迟迟不启动，或者在大盘走得比较强势时持有的个股总是慢吞吞地爬行着，投资者是难以坚守的。一旦我们坚守不住将其卖出后，股价却开始一路飙升，大部分投资者都经历过或是见过这种场景。

如图 5-62 所示的东安动力（600178），该股于 2020 年 7 月初先是以小幅度逐步攀升的走势脱离原有的整理平台，虽在攀升的过程中也偶有中阳线出现，但很快就出现震荡干扰，即这种中阳线并未得到承接，而是在折腾一段时间后才开始加速拉升。

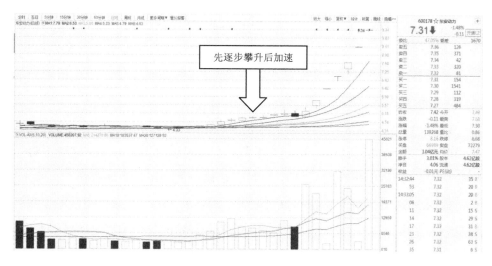

图 5-62　东安动力

对于这种走势类型的个股而言，主力会洞悉投资者的心理，先使股价慢慢攀升，促使心急的投资者守不住，同时场外的观望者也看不上，而后再迅速拉起股价。

1．观察导向

投资者遇到这种类型的个股时，要结合当时的板块题材属性，以及整个攀升过程中的盘面细节导向去深入解读。我总结了一些盘面观察导向上的经验，仅供大家在实战过程中参考。

（1）稳中有异常。 刚开始的逐步攀升往往是被主力"控制住"的，即如果在这个过程中股价拉升的速度比较快的话，盘中往往会出现一些异常打压动作来干扰股价的拉升节奏，使当天的股价截至收盘时不出现大涨大跌。

而有些则是表面上看过去"不死不活"，但在整个攀升的过程中，股价的重心逐步上移，呈现出稳健攀升的走势。同时在这个过程中，主力往往会采取压大卖单的形式来干扰股价的运行。在这种情况下，股价在分时图上一般会呈现出窄幅度的波动，成交量上也不会出现明显的放大。

当我们发现股价在刚进入上升通道过程时慢吞吞地攀升，或者是在以涨一天休整一天的形式向上攀升时，重点关注在整个过程中股价运行是否稳健，同时，也要深入细节观察是否有异常打压或异常拉升的动作，以及出现异常之后，股价是否会立刻回归平静。

如果出现这些迹象，那这种类型的个股就值得我们深入跟踪，尤其是目标个股是当时的主流题材，或者在基本面上有明显的优势。拥有这种走势类型的个股，在经历缓慢攀升之后，往往会启动一波加速拉升的行情。

如图5-63所示的兆驰股份（002429），该股于2019年12月初以逐步攀升的走势向上运行。从当时的走势来看，股价刚开始的攀升幅度是比较缓慢的。这种情况下往往很难引起场外资金的关注，尤其是实战经验不是很丰富且对于短期盈利看得较重的投资者。

遇到这种类型的个股时，我们不要只看着它每天的涨幅，而要关注它是否具备韧性，即这种攀升的势头是否可以延续。如果这种逻辑成立的话，那往往预示着这种韧性大概率会催生一波加速拉升的行情。

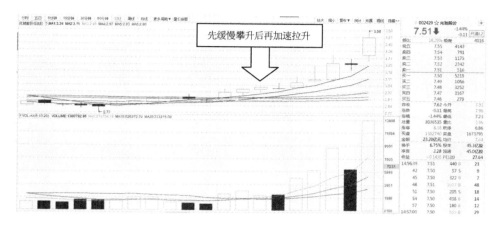

图 5-63　兆驰股份

　　另外，除了关注韧性外，投资者也要结合当时分时图上的迹象去深入观察。在一般情况下，分时图上要么呈现出低迷的波动，即波动的幅度非常小；要么就是上下波动比较激烈，但基本上都是对倒单所为，并且截至当天收盘时，股价的涨跌幅度不会很大，即分时图上虽然会出现相对剧烈的波动，但日 K 线走势图上依旧能维持稳健的小幅度攀升的走势。

　　如图 5-64 所示，这是该股在 2019 年 12 月 5 日的分时图，如果只从当天的分时图来看，其实也没有什么很特别的地方，而且这种低迷的走势很难引起我们的注意。但如果我们结合当时的日 K 线走势和它所处的点位趋势，以及它的概念题材等去分析思考的话，那可能会给我们带来不一样的局面。

　　我们再来看看图 5-65 所示的深南电 A（000037），该股在 2020 年 6 月底的走势中也是先出现缓慢攀升，然后再加速拉升。从当时缓慢攀升的日 K 线走势来看，似乎有点休整的意味。

　　对于该股当时的走势而言，如果我们仅仅从当时的成交量的动态来看，将这种缓慢攀升定义为休整的话，那成交量上并未呈现出明显萎缩的状态，预示着盘中的筹码集中度并不高。按常理，后市股价在短期内是难以再起上涨行情的，更难以出现快速拉升的行情。

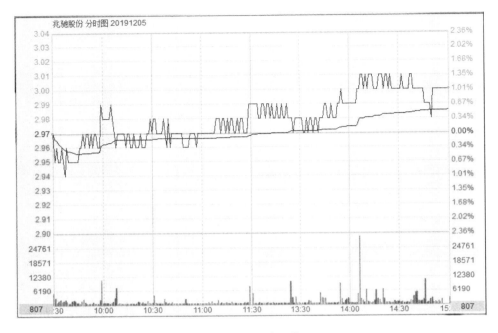

图 5-64　兆驰股份

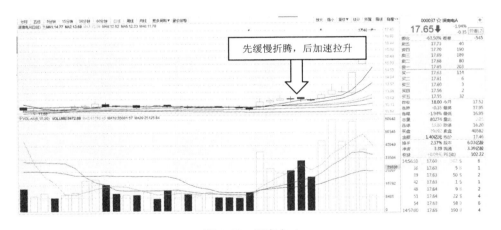

图 5-65　深南电 A

　　如果我们结合该股当时的分时图上的走势迹象去思考，其实是不难发现一些看点的。从图 5-66 中我们可以看到，该股在 2020 年 6 月 29 日呈现出反复对倒的走势。换言之，其成交量大部分是因为对倒而释放出来的。而且在这个过程中出现的是双对倒，即呈现的是向上和向下的交叉式对倒。

图 5-66　深南电 A

从分时图中迹象来看，这种对倒就是一种异常的干扰动作，出现这种走势时，如果我们确定在前面一段时间的走势中有主力资金注入，且出现异常之后盘中的筹码依旧较稳定，即主动性抛售并不多，那这种异常也是相对健康的。在缓慢攀升的过程中，如果反复出现异常的干扰动作，同时整个过程中并无明显的护盘动作出现，之后往往会迎来一波加速拉升的行情。

从深南电 A（000037）当时的走势来看，其在缓慢攀升的过程中就是以这种反复异常的走势先向上运行，而后再突发性地启动加速拉升行情。遇到这种进入上升通道中以缓慢攀升上行，尤其是当时大盘还向好的情况时，我们就要特别留意分时图上的异动动作。要善于根据异动动作并结合当时的成交量，以及在此之前盘面上的整体情况去分析。

（2）由平静切换到异动。在上述的讲解中，我们谈及股价在缓慢攀升的过程中，其分时图上往往会呈现出平静（低迷）的走势，尤其是刚开始的时候，这种平静主要是表现在股价全天都是以窄幅度的形式波动。在大部分情况下，成交量也会呈现出萎缩的状态，给人一种无量空涨的感觉（重心逐步上移）。

如果这种缓慢式的攀升是主力刻意"控制"的，那在随后的走势中一般会打破这种平静（低迷），并伴随异动拉升的动作或异动打压的动作出现。

图 5-67 和图 5-68 是兆驰股份（002429）在 2019 年 12 月 10 日和 11 日的分时图，该股在缓慢攀升的过程中出现了由原来的平静走势切换到异动拉升的走势。

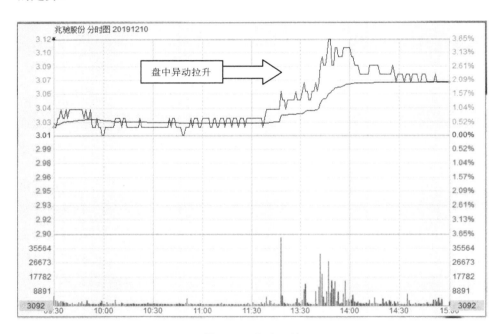

图 5-67　兆驰股份

对于这种由主力主导的缓慢攀升的，且在攀升的过程中很少有护盘动作的个股，当分时图上的走势由之前的平静切换到有异动拉升或异动打压的动作后，若盘面上的筹码依旧比较稳定，短期内往往就会启动一波加速拉升行情。

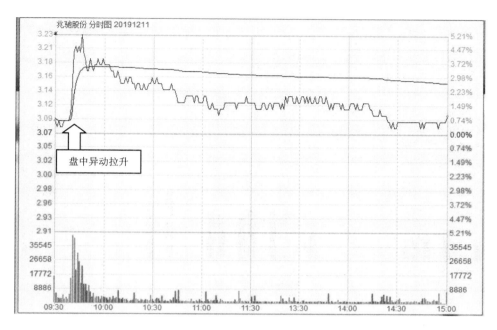

图 5-68　兆驰股份

（3）依托 5 日均线。我们在观察分析的过程中，还可以结合日 K 线走势图上的均线去分析稳健性。在一般情况下，股价在刚刚进入拉升通道运行时，只有内在的动力还在，股价往往不会真正跌破 5 日均线的支撑。换言之，如果这种缓慢攀升的走势是主力资金注入所导致的，那 5 日均线是股价上行的有力支撑。在整个缓慢攀升的过程中，股价基本上不会跌破 5 日均线，即便有刺穿的动作出现也是被刻意打压下去的，且在两三个交易日中又会重新回到 5 日均线之上运行。

如图 5-69 所示的雅克科技（002409），该股在 2019 年底呈现出缓慢攀升的过程中就是依托 5 日均线上行的，中途虽有刺穿的动作，但很快又被重新拉起到 5 日均线之上。

单从技术角度而言，5 日均线和 10 日均线是短线支撑的一个指标，如果股价在短期内的上涨趋势依然稳健的话，一般不会跌破 5 日均线和 10 日均线的支撑。当然，刻意打压之后的跌破另当别论。

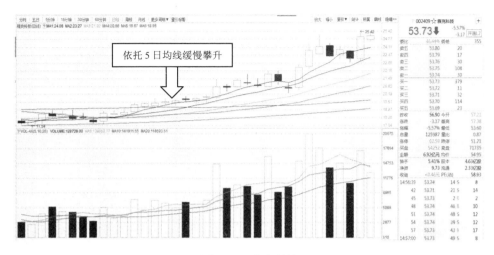

图 5-69　雅克科技

2. 操作策略

在实战中碰到缓慢攀升的个股时，最关键的是我们对盘面细节分析的能力以及心态的管控能力。当然，还考验着投资者的综合分析能力。

在具体操作的过程中，我总结了一些短线操作的策略，仅供大家参考。

（1）轻仓贴近。 对于主力主导的缓慢攀升，在实战中我们很难精准把控何时开始向上进入加速拉升通道，有些个股不会直接引发连续性的快速拉升，而是进入间接式的加速上涨。如图 5-70 所示的雅克科技（002409），当时在启动的过程中就是"间接"式的加速上涨。

针对这种走势，我们可以采取先轻仓入场参与，贴近市场才能更好地感知市场变化。采取先轻仓贴近市场的操作策略，是需要有较为严谨的逻辑支撑的，即要通过当时盘面走势迹象大概率确定目标个股是有主力资金注入的，且当时的股价并未被大幅度炒高。

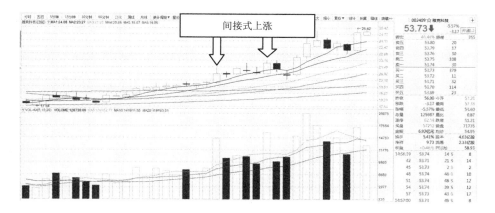

图 5-70 雅克科技

（2）在异动中分仓买。股价经历一段时间的缓慢攀升或逐步攀升之后，分时图上往往会出现一些异动的走势，比如突发性拉升，且在当天以大阳线或中阳线报收。如图 5-71 所示的东安动力（600178），这是该股在 2020 年 7 月 16 日的分时图，该股在当天下午的运行过程中反复出现异动拉升。

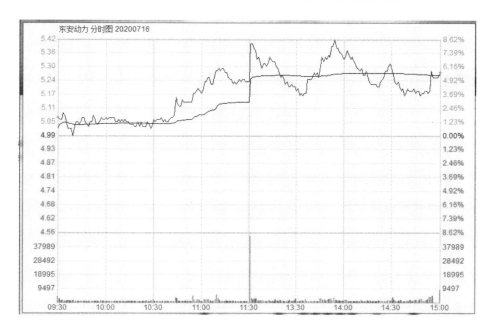

图 5-71 东安动力

如果当天股价在攀升的过程中并未出现明显的护盘动作，尤其是当天对倒拉升后，卖盘上涌现压制性的大单，但随后主动性抛售的筹码并不是很明显。那短线投资者可以适当分仓买进，在前期已经经历了一段时间的缓慢攀升后，股价在短期内往往会启动一波上攻行情。

从图 5-72 中我们可以看到，该股于 2020 年 7 月 17 日以涨停的形式开启了一波快速拉升的行情。

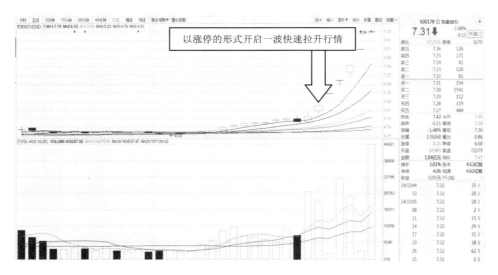

图 5-72　东安动力

分仓入场操作时，需要注意以下三个方面。

1）股价已经经历了数天（一般是三四个交易日以上）的缓慢攀升或逐步攀升，且在攀升的过程中主动性抛售筹码比较稀少，虽不排除在这个过程中分时图上也会出现一些异常性波动，但股价向下波动到 5 日均线附近时就会受到明显的支撑。

2）在收出异动大阳线或中阳线的当天，卖盘上的压大单动作一般会比较明显（若在压制下股价依旧能上行，预示着盘中做多意愿在增强），或者是前期出现了频繁的压制性大卖单，但在异动收出大阳线或中阳线的当天切换到无大卖单压制的状态，或者这种压制性的频率明显减少（压制性大单开始减少甚至是消失，这往往预示着上涨行情即将启动）。

3）在当天分时图出现异动拉升之前，股价往往会有窄幅度震荡的过程，即当天会出现一段时间的横盘或者逐步震荡上行的走势。无论是横盘还是逐步震荡上行，盘中几乎都不会有明显的护盘动作，即买盘上几乎不会单方向地挂出大买单。

（3）在阶梯拉升中试探买。主力在启动一波加速拉升行情之前，有时会在分时图上呈现出阶梯式的拉升。如图 5-73 所示的深南电 A（000037），这是该股在 2020 年 7 月 6 日的分时图，当天出现的就是阶梯式拉升。

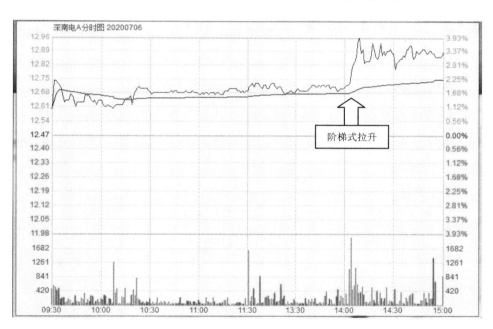

图 5-73　深南电 A

如果在构筑阶梯的过程中，即在分时图上出现横盘的过程中，护盘动作并不明显的同时主动性抛售也很稀少，尤其是在有压制性大卖单出现的情况下锁盘较稳时，短线投资者可以适当入场买进。这种走势往往预示着股价有

可能会在短期内启动一波加速拉升行情。从图 5-74 中我们可以看到，该股于
7 月 9 日以涨停的形式启动了一轮快速拉升的行情。

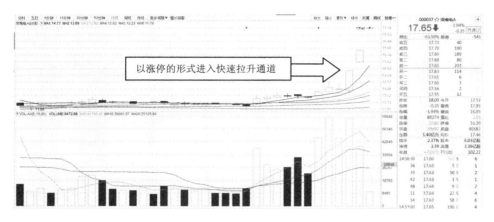

图 5-74　深南电 A

采取这种操作策略时，投资者需要注意以下三个方面。

1）如果股价在当天台阶整理的过程中不断有零散的卖单抛售，且这个过
程中很少有压制性的干扰动作出现。在这种情况下，投资者就不宜过早入场
买进，可以用很少的仓位去试探性参与。在整理台阶上出现这种走势迹象时，
往往预示着盘中筹码集中度并不高，股价在短期内难以启动加速拉升行情。

2）如果分时图上出现阶梯式拉升的当天，盘中的筹码集中较高，但在接
下来的一两个交易日中出现较为频繁的打压动作，促使股价出现波动，但打
压过后盘中并未出现明显的恐慌性抛售。在这种情况下，当股价再次出现稳
健攀升时投资者可以逐步入场买进。

3）如果在阶梯式拉升当天收盘前频繁地出现大卖单压制的现象，且直到
当天收盘后这些大卖单都未被撤掉。在第二个交易日开盘后，卖盘上继续挂
出大手笔的单子压制股价，但股价并未出现明显的回落。出现这种情况时，
若接下来大卖单被对倒掉或者直接被撤掉后，出现向上拉升，短线投资者可
以入场加仓，这种迹象往往是股价即将启动一波加速拉升行情的信号。

温 馨 提 示

　　对待这种缓慢攀升类型的个股，投资者一是要有足够的定力，在确定有主力资金注入之后，需要耐心守候；二是在操作策略上要善于分仓操作，在攀升的过程中如果筹码集中较高的话，可先用试探性仓位参与，待股价出现较为明显的加速拉升信号时再进行加仓操作。